工程总承包
模式下的税金计算研究

李海凌　肖光朋　张晶晶　著

新华出版社

图书在版编目（CIP）数据

工程总承包模式下的税金计算研究 / 李海凌，肖光朋，张晶晶著.
-- 北京：新华出版社，2023.11
ISBN 978-7-5166-7190-0

Ⅰ. ①工… Ⅱ. ①李… ②肖… ③张… Ⅲ. ①建筑工
程 - 承包工程 - 税费 - 计算 - 研究 - 中国
Ⅳ. ① F812.423

中国国家版本馆 CIP 数据核字（2023）第 225797 号

工程总承包模式下的税金计算研究

作　　者：李海凌、肖光朋、张晶晶

责任编辑：李　宇　　　　　　　　　　　封面设计：尚　炜

出版发行：新华出版社
地　　址：北京石景山区京原路 8 号　　　邮　　编：100040
网　　址：http://www.xinhuapub.com
经　　销：新华书店、新华出版社天猫旗舰店、京东旗舰店及各大网店
购书热线：010-63077122　　　　　　　中国新闻书店购书热线：010-63072012

照　　排：韩玉梅
印　　刷：成都蜀望印务有限公司

成品尺寸：170mm×240mm
印　　张：10　　　　　　　　　　　　　字　　数：158 千字
版　　次：2024 年 3 月第一版　　　　　印　　次：2024 年 3 月第一次印刷

书　　号：ISBN 978-7-5166-7190-0
定　　价：89.00 元

前　言
Preface

　　工程总承包是国际通行的建设项目组织实施模式。2016 年 5 月，住房和城乡建设部印发《关于进一步推进工程总承包发展的若干意见》（建市〔2016〕93 号），要求开展工程总承包试点工作，明确了联合体投标、资质准入、工程总承包商责任承担等问题。2017 年 2 月，国务院办公厅印发《关于促进建筑业持续健康发展的意见》（国办发〔2017〕19 号），要求加快推行工程总承包以解决国家建筑行业工程建设组织方式落后等问题。2019 年 12 月，住房和城乡建设部、国家发展改革委制定了《房屋建筑和市政基础设施项目工程总承包管理办法》（建市规〔2019〕12 号），标志着房屋建筑和市政基础设施项目工程领域的工程总承包正式纳入法治化正轨，建筑业改革进一步深化。经过近年来的高速发展，在政策及市场的引导下，工程总承包头部企业正在形成，示范效应正在显现。作为我国"十四五"期间建筑业转型升级的标志，工程总承包模式正在国内兴起。

　　工程总承包模式高速发展的同时，工程计价问题也随之呈现出来。施工总承包模式下的工程造价计价方法已然不适用于工程总承包模式。工程总承包项目在估价（包括估算、概算、预算）阶段和发承包阶段，应纳税金的计算就是工程计价的难点之一，是发承包双方都关注的问题。在实际工作中，对增值税的认识偏差，进一步加大了税金问题的解决难度。

　　本书的研究就是在纠正增值税认识偏差的基础上解决工程总承包项目在估价阶段和发承包阶段增值税应纳税额的计算问题，使工程总承包项目的工程造价确定可行、合理、简便，应纳税金在工程总承包合同价格中的处理具有可操作性。

　　首先，本书介绍了工程总承包的模式、合同方式、特点、优势，对工程总承包的发展、应用现状及未来趋势进行了阐述；还详细介绍了工程总承包国内外的计量计价情况，并对我国计价体系的发展及现行计价体系中定额计价和模拟清单在工程总承包的折中应用时存在的问题进行深入分析。

其次，梳理国家发布的工程造价计算公式、教材中的增值税计算公式和配套专业软件中关于税金的计算，提出用简易计税简化增值税的计算思路。

再次，对"税前不含税工程造价"和"税前含税工程造价"两种增值税的计算方法进行了比较，最终选择用简易计税的思路计算增值税，并详细介绍简易计税思路下增值税税负率和综合税负率的概念、计算原理和计算公式。在引入增值税综合税负率的基础上，工程造价计算公式中用"税前含税工程造价"作为增值税的计算基础。此方法可以完整地反映国家进行"营改增"的根本目的，体现"市场形成价格"的工程造价改革总思路，且吻合我国现在的工程实践需求。

最后，通过对八个典型工程案例进行工程总承包费用中工程费用的综合税负率的测算，通过访谈企业进行工程总承包费用中其他费用的综合税负率的测算，并对测算结果进行分析。

工程总承包项目估价阶段和发承包阶段税金的计算研究厘清了"营改增"后工程总承包条件下的税费处理问题，提高了发承包方对工程总承包计价税金的认识，简化了估价阶段和发承包阶段工程总承包项目的税费计算过程，在发承包阶段能够计算出增值税及附加税，形成真正意义上的总价合同。

本书由西华大学李海凌教授主持撰写并审稿；西华大学肖光朋博士指导西华大学硕士研究生周极人、刘睿玲、李舒欣、杨云钦、杜伊鑫、李佩遥、王正玉完成了第 6 章综合税负率的测算，并参与了本书编写过程的讨论和数据审核，西华大学卢永琴老师参与了企业调研、案例讨论和文字审读；西华大学硕士研究生张晶晶参与了资料收集、审读编辑以及第 1 章和第 2 章的编写。

本书的撰写得到教育部"春晖计划"合作科研项目（项目编号HZKY20220579）、国家民委批准的"一带一路"国别和区域研究中心——日本应急管理研究中心（项目编号 RBYJ2021-002）、四川省人文社科重点研究基地"青藏高原经济社会与文化发展研究中心"（项目编号 2022QZGYZD002）、西南民族大学中央高校基本科研业务费青藏高原经济社会与文化发展研究中心专项（项目编号 2021PTJS09）、四川省哲学社会科学重点研究基地彝族文化研究中心（项目编号 YZWH2308）、中国建设工程造价管理协会科研项目《工程总承包模式下的税费计算研究》（项目编号 CCEA-2021-FZB03）的资助。

感谢谢洪学、陶学明两位工程造价界的老前辈对本书的悉心指导，本书在编写过程中引用了一些相关资料和案例，如有不恰当之处，请指正，在此对编著者和相关人员深表感谢。

作　者

目 录
Contents

第1章
工程总承包概述

工程总承包是国际通行的建设项目组织实施模式。自中华人民共和国成立以来，基本建设工程发承包模式中一直是施工总承包模式占据主导地位。1984年9月，国务院发布了《关于改革建筑业和基本建设管理体制若干问题的暂行规定》，将工程总承包模式第一次纳入其中，开启了工程总承包模式在我国的实践之路。随着建筑业对工程总承包模式价值的认识逐步加深，相应的推进措施也变得越来越具体。政府采用工程总承包模式的项目日益增多，该模式正成为未来建筑企业角逐的高端市场。本章主要介绍工程总承包的概念、模式、合同方式、特点以及优势，同时还探讨了工程总承包模式的发展和现有应用的状况。

1.1 工程总承包简介

1.1.1 工程总承包的概念

工程总承包的描述和定义在国外的协会与机构中是这样描述的：

美国建筑师协会（American Institute of Architects，AIA）认为设计－施工总承包（Design-Build，DB）是由一个机构同时负责工程项目的设计和施工，并与业主签署负责全部工程责任的单一合同，这个设计－施工机构通常同时提出设计及施工报价，并在工程建设初期获得施工委托。

美国土木工程师协会（American Society of Civil Engineers，ASCE）认为 DB 或者交钥匙工程（Turnkey）是由一个机构负责完成合同中所规定的项目设计及施工。该机构可为单一公司或由数个公司联合的组织。合同承揽方式可为议价或者竞标，并可采用总价承揽、成本加酬金等多种计价方式。

国际咨询工程师联合会（Fédération Internationale Des Ingénieurs Conseils，FIDIC）认为总承包合同是由总承包商执行，设计－采购－施工总承包（Engineering Procurement and Construction，EPC）履行项目合同条件，负责整个工程的设计、施工与运营。在某些情况下，这种方式还包括工程项目资金的筹措，也就是项目的融资。

我国政府机构发布的权威文件是这样描述工程总承包的：

住房和城乡建设部、国家工商行政管理总局联合颁布的《建设项目工程总承包合同示范文本（试行）》（GF-2011-0216）将"工程总承包"定义为承包人受发包人委托，按照合同约定对工程建设项目的设计、采购、施工（含竣工试验）、试运行等阶段，实行全过程或若干阶段的工程承包。

国家发展和改革委员会等部门联合颁布的《中华人民共和国标准设计施工

总承包招标文件》将"工程总承包（即设计施工总承包）"定义为设计施工一体化的总承包。

综上所述，国内外对工程总承包定义的表述虽然不同，但却存在着一些共同的观点：

（1）强调了设计与施工的一体化，不再将设计和施工单独发包给不同的公司或机构，而是由同一家公司或机构完成。同时提倡设计和施工同时进行。

（2）强调合同关系的单一性，不论发包任务有多少环节，均由单一机构或者联合体与发包单位签订单一合同。

由此可见，工程总承包的概念便是设计与施工的一体化及合同的单一性，这是工程总承包的本质，也是区别于传统发包模式，即设计－招标－建造相分离的发包模式（Design-Bid-Build，DBB）的本质之处。所以工程总承包是指从事工程总承包的企业或者联合体受发包方委托，按照合同的约定，对工程的设计、采购、施工、试运行全过程或者至少包括设计、施工过程的承包。

1.1.2 工程总承包的模式

实践中，不同的工程总承包模式统称为工程总承包。实际上，不同模式的工程总承包在工程计价方面，特别是工程计价风险的分担上，存在着较大差异，若认识不清将导致误用。EPC 和 DB 是我国目前知名度最高的两种工程总承包模式。根据工程项目的不同规模、类型，工程总承包还可采用设计－采购总承包（Engineering-Procurement，EP）和采购－施工总承包（Procurement-Construction，PC）。

中国建设工程造价管理协会于 2022 年 1 月 12 日发布了《建设工程总承包计价规范》征求意见稿。征求意见稿对工程总承包的解释及分析对于正确理解和应用工程总承包有非常大的借鉴意义，也是本课题问题发现、论述及解决的参考及依据。

1.1.2.1 EPC 模式和 DB 模式的区分

（1）EPC 模式中的 Engineering 设计与 DB 模式中的 Design 设计的区别

DB 模式起源于机电工程，业主往往已经完成了方案的设计，至少完成了相应的可行性研究，有明确的设计方向和总体规划，总承包商承担的设计工作主要是为了实现最终输出而具体落实设计某个机电装置及其配套的建筑，比如，成套设备或生产线＋厂房建筑。也就是说，DB 模式最初是用在那些以"物"为主的工业工程，后期才被推广到一些纯土木工程项目中。

而 EPC 中的 Engineering 是工程设计的概念，包括从项目策划、投资研究、方案设计、初步设计、详细设计、竣工验收、合同履约等工程全过程全方位的总体策划。它适用于所有工程项目，但工程造价较高，不是每位业主都愿意承担这个费用。因此，EPC 的工程总承包商利用 Engineering 来控制整个工程的造价，是非常关键的一步。

（2）EPC 模式中的采购和 DB 模式中的采购的区别

DB 模式中的采购是业主根据 DB 总承包商的设计去购买机电装置、成套设备、生产线，甚至部分工程用的材料设备，当然也可以把这些货物统统交给 DB 总承包商去采购。所以很多 DB 项目都是设备制造商直接承接 DB 项目的工程总承包，然后由他们帮助业主按照实际使用场景和实施条件来选择设备及其配套设施。这样操作更具专业性，项目效果更好。

而 EPC 模式中的采购则由总承包商承担本 EPC 项目相关的一切货物的采购。一般不存在 DB 模式里的设备材料甲供、甲控种种操作空间。不过，在 2017 年版《FIDIC 银皮书》又增加了业主提供材料设备的条款。

（3）DB 模式和 EPC 模式风险承担程度的区别

DB 模式一般承担设计、施工、设计和施工之间协调以及工程量变化的风险，但对于一个承包商所不能合理预见的风险一般不予承担。

而在 EPC 模式下，承包商除了承担 DB 模式下的风险，还要承担许多一般承包商所不能合理预见的风险。

1.1.2.2　EPC 模式与 DB 模式的适用

（1）业主的资金和能力

有资金但设计研究能力不足的业主，可以考虑 EPC 模式，优点是省事且建设工期短；资金紧张但有一定的设计研究能力的业主，可以考虑 DB 模式，优点是精确设计可以确保项目投运实施效果更好，而且整个项目操作下来风险相对较小，业主的话语权较大。

（2）适合 EPC 发挥优势的项目

"新基建"项目是我国下一步建设的重点。以 5G、物联网、工业互联网、卫星网络为代表的通信技术和网络基础设施；以人工智能 AI、云计算、区块链等新技术基础设施；以数据中心、大数据、智能计算为代表的算力基础设施；以深度利用物联网、大数据、人工智能等技术来支撑传统基础设施转型升级的智能交通基础设施、智慧能源基础设施；以及支撑科学研究、技术开发、产品研制的具有公益属性的重大科技基础设施、科教基础设施、产业技术创新基础设施等"新基建"项目，建议多使用 EPC 模式。

（3）适合 DB 模式发挥优势的项目

①能够清晰地定义发包人的功能需求和有关技术标准，能够精确设计再施工。

②发包人的功能需求基本可以通过国家或行业发布的技术标准或规程来定义。如交通设施项目、市政基础设施和房屋建筑项目等常规或非标志性特殊设计，都有详尽的国家或行业标准和技术规程。

③若项目中的工程内容存在较多可施工性问题，则 DB 模式更具优势。在 DB 模式下，由于承包人负责工程的设计和施工，可以在设计中研究可施工性，避免传统模式下对"可施工性"的考虑不足。

因此，发包人应根据建设项目的专业特点、风险控制能力，选择恰当的工程总承包模式。

（4）不宜采用 EPC 模式，适宜采用 DB 模式的情形

①投标人没有足够的时间和信息仔细审核发包人的要求，或没有足够的时间和信息进行设计、风险评估和估价。

②涉及实质性地下工程或无法检查的其他区域的工程时，需有特别规定对不可预见的条件进行说明。

③发包人需要密切监督或控制承包人的工作，或大部分施工图纸需要审查。

不同的工程发承包模式，对于工程实施的管理导向是不同的。例如，

FIDIC 施工合同条件下是过程控制导向，但在 EPC 模式下是功能或结果导向的，《FIDIC 银皮书（1999 年版）·序言》明确指出，采用 EPC/ 交钥匙合同条件时，"雇主必须理解，他们编写的'雇主要求'在描述设计原则和生产设备基础设计的要求时，应以功能作为基础""应允许他（指承包商）提出最合适于他的设备和经验的解决方案"，并"应给予承包商按他选择的方式进行工作的自由，只要最终结果能够满足雇主规定的功能标准"。

从上述功能或结果导向的观点来看，在 EPC 模式下，承包商应具有根据其经验和能力进行项目策划、优化设计、选择设备、制造工艺和施工方案的权利，而不应受到业主的不当干扰，只要工程完工后其结果满足了 EPC 合同规定的工程要求即可。

但在工程实践中，业主出于对工程质量的关心，往往对承包商的工程实施进行深度的过程控制，如严格审查承包商的设计方案和施工图纸、严格控制施工过程、严格审查甚至指定工程设备等。

这种严格控制一方面导致承包商无法根据其经验和能力进行设计优化，严重限制了承包商利用《FIDIC 银皮书》设定的价值工程（Value Engineering，VE）机制控制和降低实施成本的权利；另一方面也不利于承包商缩短工期和按时完工。

对于银皮书的适用范围，银皮书序言不是以正向列举，而是以反向排除的方式做了明确界定，2017 年版《FIDIC 银皮书》提出以下三种项目不适用 EPC/ 交钥匙合同条件：

① EPC 不适合用于"投标人没有足够时间或资料，以仔细研究和核查雇主要求，或进行他们的设计、风险评估和估算"的项目。

但在工程实践中，不少业主对于项目都没有做初勘，因而提供给承包商的资料十分有限，或者给予承包商的投标时间很短，承包商没有足够的时间详细研究业主提供的资料，或者没有足够的时间或资料来进行设计、风险评估和估算，在此情况下，却要求承包商报出固定总价，是严重不合理的。

② EPC 模式不适宜用于"建设内容涉及实质性地下工程，或投标人未能调查的区域内的工程"的项目。

地下工程，特别是不利地质条件是工程项目中最大的风险之一，在 EPC 模式下，业主对工程进行发包时，通常只是对工程现场做过初勘，这种初勘有的甚至很粗糙，远未达到承包商可以借此进行全面、深入的地下条件风险评估的程度。

在这种情况下，要求承包商报出固定总价并签署合同，显然是不合理的，这种报价已不是合理估算基础上的报价，而变成了风险转嫁和风险对赌，加大了承包商的风险。对于这种风险，并不是承包商在报价中考虑一定风险费或不可预见费就可以解决的（何况在激烈的市场竞争下，承包商很难在报价中考虑与该类高风险相匹配的风险支出），所以也就违背了《FIDIC 银皮书》编制的初心。

③ EPC 不适用于"雇主要严密监督或控制承包商的工作，或要审核大部分施工图纸"的项目。

EPC 模式的工程管理是功能或结果导向的，原则上说，承包商有权对工程进行优化设计和设备选型，以及自由选用合理的施工方案，而业主不能对承包商进行不合理的干预。只要承包商完成的工程符合 EPC 合同规定的性能要求和质量标准，工程就应通过验收，业主就应接受工程，这也是结果导向的真谛，因此形象地称之为"交钥匙（Turnkey）"。

如果业主需要严密监督或控制承包商对工程的实施，审核大部分施工图纸，那就意味着业主对承包商的工程实施进行严格的过程控制，这将导致承包商无法有效地控制和降低成本，甚至导致工期延误。因此，该类项目不宜采用EPC 模式。

此外，由于 EPC 合同是总价合同，而不是单价合同，所以 EPC 合同下的结算和支付是以里程碑（Milestone）为节点进行，并非按照实际所完成的工程量来进行结算。在实际操作中，每个里程碑都对应一个占比（工程占合同总价的百分比），只要承包商实现了该里程碑，业主就需要支付相对应的里程碑工程款。

如果业主对承包商的每次结算与付款都需要经过按工程量计价确定，甚至在某些项目上对承包商的最终结算还规定以施工图预算评审结果为准，这实际上就是"穿着工程总承包的新鞋，走施工总承包的老路"，因此，发包人以施工图项目进行工程计量计价的，应当采用施工总承包，而不是工程总承包。

1.1.2.3 EPC 与 DB 的选择

建设项目工程总承包可在可行性研究报告、方案设计或初步设计批准后进行。发包人应当根据建设项目特点、实际需要和风险控制选择恰当的阶段进行工程总承包的发包。发包人确定建设项目工程总承包发包阶段后，可参考下列规定选择工程总承包模式：

（1）可行性研究报告批准后发包的，宜采用 EPC 模式；

（2）方案设计批准后发包的，可采用 EPC 或 DB 模式；

（3）初步设计批准后发包的，宜采用 DB 模式。

上述依据不同的工程总承包发承包起点，分阶段分层次的选择具体的工程总承包模式体现了工程总承包的层级性。

根据《房屋建筑和市政基础设施项目工程总承包管理办法》（建市规〔2019〕12 号）第七条的规定，政府投资项目原则上应当在初步设计批准后，采用 DB 模式发包；但毕竟在初步设计文件已经批准的情况下，采用 EPC 模式已无多大意义，采用 DB 模式对于政府投资的控制是比较恰当的。按照国家有关规定简化报批文件和审批程序的政府投资项目，在投资决策审批后，可以采用 EPC 模式发包。

发包人采用 DB 模式，应当编制总承包合同中名为"发包人要求"的文件，在文件中明确建设项目工程总承包的目标、范围、功能需求、设计与其他技术标准，为承包人投标报价提供依据。

如果发包人未能编制"发包人要求"，或编制的"发包人要求"不利于工程建设的目标实现，则不宜采用工程总承包模式。

与施工总承包不同，"发包人要求"是发包人采用 EPC 模式的必备条件，是承包人投标的重要依据，是合同文件的重要组成部分，是指导工程实施并检查工程是否符合发包人预定目标的重要基础。"发包人要求"的编制内容是否符合要求，可以说直接关系到工程总承包项目实施的成败。实践表明，不少地区的建设项目工程总承包极不重视"发包人要求"的编制，甚至在没有"发包人要求"的情况下，采用所谓"费率下浮""模拟清单"发包，导致工程结算仍会进行工程量计量计价，却与 2003 年实行工程量清单计价时提倡的"事前算细账、算明账"大相径庭，又回到"事前不算账，事后算总账"的老路，其结果甚至还不如施工总承包。

"发包人要求"的实质是发包人的需求。"发包人要求"可以参照《标准设计施工总承包招标文件》的第五章框架进行编写。特别是涉及工程价款的功能需求，使用材料设备的种类、品质、规格、型号、技术参数等应尽可能地详细编列。

鉴于《标准设计施工总承包合同条件》与《建设项目工程总承包合同（示范文本）》中有不少条款列有"发包人要求"的规定，应注意与合同条件的衔接。

需要注意的是，由于我国现阶段工程总承包合同条款均未再细分总承包的不同模式。在编制 DB 模式的"发包人要求"时，由于初步设计已反映了发包人要求的不少内容，因此，与 EPC 相比，可以简化一些初步设计文件已经明确的内容。

由于"发包人要求"在工程总承包中特别是 EPC 模式具有举足轻重的作用，是否编制或编制的"发包人要求"是否达到引领承包人实施建设项目，是否达到发包人的预定目标，是判断发包人的建设项目是否具备采用工程总承包模式（特别是 EPC 模式）的条件。

此外，发包人必须注意，对于"发包人要求"应当提及而没有提及的事项，承包人完全可以免除与此类事项相关的任何责任。

1.1.3 **工程总承包的合同方式**

建设项目工程总承包一般应采用总价合同。除工程特别复杂、抢险救灾工程宜采用成本加酬金合同外，工程总承包最适宜采用的应当是总价合同，这是中外合同范本的基本共识。

但工程总承包合同并非不可调整，调整事项大致包括五大类：一是法律法规变化；二是工程变更；三是市场价格变化；四是索赔（包括工期延误、不可抗力）；五是其他类（包括计日工、工程签证以及发承包双方约定的其他调整事项）。下列事项（包括但不限于）发生，发承包双方应当按照合同约定调整合同价款、工期：

（1）法律法规变化；

（2）工程变更；

（3）市场物价变化；

（4）不可抗力；

（5）工期提前、延误；

（6）计日工；

（7）工程签证；

（8）索赔；

（9）预备费（暂列金额）；

（10）发承包双方约定的其他调整事项。

总价合同也可对发承包时无法把握的施工条件变化的相应项目进行单独约定，将发承包时无法把握施工条件变化的某些项目单独列项，再按照实际完成的工程量和单价进行结算支付。鉴于工程建设的复杂性和施工条件的多变性，某些项目（如土石方）也可单独列项。按实际工程量计价的单价项目，并不表示就是单价合同，其仍然是总价合同下可以实施工程量调整的一个项目而已，并未改变总价合同的性质。

长期以来，我国工程建设领域习惯将工程计价的合同方式归纳为固定价合同、可调价合同。但这一划分给工作实践带来了问题：一是不能区分固定价合同是固定单价还是固定总价；二是采用"固定"字眼的价格合同，容易使人产生价格绝对固定，不能调整的错觉，无形中会产生一些不必要的合同争议。实际上，在工程建设领域，国内外成熟的合同文件，都是根据发承包范围来分摊计价风险，合同价格是固定还是可调整都应根据合同的具体约定来判断，而不是不管合同的具体约定就对合同下一个固定或可调的结论。可见，准确地把握工程合同涉及工程价款的具体约定，是做好工程计价的前提。

总价合同可分为三种类型：

1.1.3.1　以施工图纸为基础发承包的总价合同

当合同约定的价格风险超过约定范围时，发承包双方根据合同约定调整合同价款，即为可调总价合同；若合同约定总价包干，不予调整时，即为固定总价合同，由承包人承担价格变化带来的风险。但对工程量变化引起的合同价款调整遵循以下原则：

（1）如果合同价款是根据承包人自行计算的工程量来确定的，那么除在发包人提出工程变更引起工程量变化进行调整之外，合同约定的工程量就是承包人完成该合同工程的最终工程量。

（2）当合同价款是依据发包人提供的工程量清单确定时，发承包双方应依据承包人最终实际完成的工程量（包括工程变更，工程量清单错、漏项等）调整确定合同价款，即发包人承担工程量的风险。

1.1.3.2　以发包人要求和初步设计图为基础发承包的总价合同

DB 项目（除发包人要求和初步设计变更引起工程量变化外）承包人承担工程量和约定范围内的价格风险，对超过合同约定范围的价格风险则采用指数法进行调整，由发包人承担，即为可调总价合同；若合同约定总价包干，即为固定总价合同。

1.1.3.3　以发包人要求和可行性研究报告或方案设计为基础发承包的总价合同

即 DB 项目或 EPC 项目，除发包人要求和方案设计变更引起工程量变化外，承包人承担工程量和约定范围内的价格风险，超过合同约定范围的价格风险则采用指数法进行调整，即为可调总价合同；若合同约定总价包干，即为固定总价合同。一般来说，若采用 EPC 模式，除发包人要求有变更外，工程量和价格风险均由承包人承担。

由于工程建设的特殊性，往往施工条件多变，因此采用总价合同通常也需要对一些事前无法把握的某些特定项目单独列项，如土石方（工程量与土石类别均存在较大变量）工程可以单列作为单价项目，以便按照合同约定调整工程量及其价款。

总价合同适用于以发包人要求、可行性研究或方案设计、初步设计为基础进行发承包的建设项目工程总承包。

1.1.4　工程总承包的特点

1.1.4.1　充分发挥市场机制的作用

首先，业主将工程视为投资项目。其次，建筑师和承包商也都从投资的视角实施项目。例如，总承包商在指定专业分包商时，会让建筑师和承包商共同寻求最经济的方法。

1.1.4.2　具有系统性和有效性

工程总承包模式下的设计与施工会广泛使用成熟的通用技术。设计和施工不会为解决同一个问题发生重复工作。专业分包商使用他们所熟悉的通用方法，并在很大程度上会选择短期内能够及时供货的材料、半成品与构件。

1.1.4.3　承包商会涉及设计

建筑师提供各专业完整的设计，但其设计深度只能达到初步设计或扩大初步设计水平，达不到详细设计和施工图的深度，最后施工图则是由承包商完成的。特别是一些相对较独立的分包工程（如钢结构工程、装饰工程）的施工图设计，在工程中被称为二次设计，是由专业分包商独立完成的，但最终需由建筑师批准。

1.1.4.4　建筑师熟知市场状况

建筑师不仅将自己的设计视为建筑作品，还了解设计是业主投资回收成功与否的关键影响因素。此时，承包商对设计提出的便于施工、缩短工期、降低成本的建议，不会因为其影响建筑效果而遭到建筑师的反感。施工设备、材料的采购一般由专业分包商进行，但对于比较重要的材料、设备须经总承包商确认；或者总承包商直接全面负责采购，然后提供给专业分包商。无论采用哪种方式采购设备或者材料，专业分包商都必须利用其在本领域熟悉掌握的市场信息和技术选用或提出关于材料或设备的建议，从而寻求性价比最优并且满足设计要求的设备或材料。相较于两种采购方式，大多数情况下均是专业分包商进行采购，因其对供应商比较熟悉，同时批量大规模采购可以在很大程度上降低物料成本。

1.1.4.5 矩阵式的组织结构

工程总承包项目管理团队的组织模式和对成员素质的要求与传统的施工企业组织团队不同。在从事工程总承包项目的公司中，一般采用矩阵式组织结构。根据项目合同内容，从公司各部门抽调相关人员组成项目管理组，以工作组（WT）模式运行，由项目经理全面负责 WT 的活动。工程总承包项目对项目经理的要求在于对项目全盘的掌控能力，即沟通力、协调力和领悟力，而非掌握技术的程度。他必须熟悉工程设计、工程施工管理、工程采购管理、工程的综合协调管理等知识，这些要求远高于普通的项目管理。对 WT 成员素质的要求也远高于其他普通施工管理团队。在国际工程总承包项目的 WT 成员中，以 MBA、MPA、PMP 以及技术专家居多，均是管理协调方面的能手，具有丰富的工作经验和出色的组织协调能力。高素质、高效率的团队形成对项目经理的全力支持，从而保障了工程总承包项目的正常实施。

1.1.5 工程总承包的优势

相对于传统的工程组织模式，采用工程总承包模式的优势主要体现在：

1.1.5.1 职责范围和权责界定清晰

采用工程总承包模式有助于澄清工程建设中业主与承包商、勘察设计与业主、总包与分包、执法机构与市场主体之间的复杂关系。在该模式下，业主选定总承包商后，接下来的勘察、设计、采购、工程分包等环节将由总承包商直接确定分包单位，无须采取平行发包，避免了发包主体中的混乱状态和监督部门面对多个市场主体实施监管的工作交叉重叠。

1.1.5.2 有利于优化资源配置

在国外的实践中，工程总承包被证明可以减少资源占用和管理成本。在我国，该模式主要在以下三个层面得以体现：①将杂乱的事务管理交由总承包方，业主方避免了人员和资金的浪费；②总承包方的管理可以让项目资金、技术、管理等各个环节衔接得更加紧密，可以减少与业主变更、争议、纠纷和索赔的耗费；③分包方的社会分工专业化程度由此得以提高。

1.1.5.3　有利于优化组织结构并形成规模经济

一是可以重新构建工程总承包、施工承包、分包三大梯度的塔式结构形态；二是在组织形式上实现从单一型向综合型、现代型的转变，最终可以通过资金、技术、管理整合成非常具有竞争力的大型企业集团；三是有助于扩大市场份额；四是可以增强企业参与建设－经营－转让（Build-Operate-Transfer，BOT）项目的能力。

1.1.5.4　有效改进设计的可施工性

工程总承包的优势之一就是由承包人进行勘察设计和施工，可以有效改进设计的可施工性，从而提高生产率。

对于可施工性研究，美国建筑业协会是这样定义的：将施工知识和经验最佳地应用到项目的前期规划、设计、采购和现场施工中，以实现项目的总体目标。也可以解释为在使竣工的建筑可以满足所有既定目标的前提下，设计可以让施工变得更加容易。有关的研究文献和资料指出，实施可施工性研究可以节省工程成本 6% ～ 10%，缩减施工工期 8.7% ～ 34.3%。

改进设计的施工可行性会提高生产率，是承包人在测算成本和投标报价时需要考虑的重要因素之一。如果承包人在设计阶段充分考虑到施工可行性，将有助于降低成本，增强竞争力。采用工程总承包模式将设计工作纳入承包范围内，为承包人开展设计的施工可行性研究提供了便利，从而提高了设计的施工可行性，这是承包人降低成本的重要途径。

1.1.5.5　有利于政府部门打破行业垄断

工程总承包有利于政府部门打破行业垄断，集中力量解决建筑市场最突出的问题。同时综合实力强的大公司更容易获得担保，所以也有利于降低风险。

1.1.5.6　有利于控制工程造价，提升招标层次

在强化设计责任的前提下，通过前期概念设计与价格的双重竞标，工程发包中的"投资无底洞"得到了消除。采用整体性发包，可以减少招标次数并显著降低招标成本。

1.1.5.7　有利于提高全面履约能力

采用工程总承包有助于确保项目质量和工期，因为该模式能够充分发挥大承包商的技术力量、管理能力和丰富经验的优势。此外，在工程总承包模式下，由于设计、采购和施工各环节均由总承包商指挥，因此各环节的综合协调能力得到大幅度增强，这对于确保项目质量和进度十分有利。

1.1.5.8　有利于推动管理现代化

采用工程总承包模式可以利用现代办公软件将设计、采购和施工过程中的文件电子化、信息化、自动化和规范化，从而提高企业管理水平和效率，有助于增强我国企业在国际承包市场上的竞争力。

综上所述，工程总承包非常有利于业主的管理，但要求总承包商有一定的综合实力。所以面对越来越复杂的大型项目，业主方势必更愿意选择工程总承包的模式。当然，有一定综合实力的总承包商才能通过竞争竞标项目获得丰厚的利润，企业也才能获得长足的发展。

1.2　工程总承包的发展

1.2.1　美国的工程总承包

19 世纪上半叶，美国基础设施建设中的工程发包模式，主要采用设计－施工－运营（Design-Build-Operation，DBO）的模式，即工程交易范围除了设计施工，还有工程运营。但这种工程发包模式，在设计、施工等方面缺乏外部的监督，容易导致工程质量出现下滑现象。当时，美国的工程质量出现了很多的问题，大坝、桥梁倒塌的现象屡见不鲜。针对此类工程质量问题，美国联邦政府实行了 DBB 模式，将工程设计、施工两部分内容相分离，并于 1926 年，正式颁布了《公共建筑法》。从二战到 20 世纪 80 年代，美国经济实力提升，政府财政资源充足，在公共设施投资上拥有更强大的资金支持，可对公共设施项目开展直接投资。在工程发包模式方面，政府则是将重点放在了法律与行政规划上，用政策导向支持项目朝着更为专业的道路发展。综上，设计与施工环节的划分，能够更好提升专业水平与施工效率。DBB 模式也逐步成为美国基础设施建设的重要发包模式。同一时期，美国逐步兴起了建设－管理（Construction-Management，CM）模式，并为世界级工程建设领域所应用。这些模式的诞生，见证了工程建设管理服务逐步专业化。

进入 20 世纪 90 年代，工程规模的不断扩大，意味着工程技术更加复杂化。在历经了几十年的工程建设之后，美国 DBB 模式虽然能够在专业团队建设、工程质量把控方面发挥优势，但这类模式通常也存在造价高、组织协调性差等问题。此外，在科学技术的发展、城市结构转型升级的背景之下，集设计、施工于一体的 DB 模式又重新被广泛地重视起来。1995 年以后的一段时间，以 DB 模式进行施工的项目每年以 6% 的速度增长。到 21 世纪初，承包范围更宽的 EPC 和 PMC（Project Management Contract）等模式与 DB 模式一样得到了广泛应用。

美国工程发包模式近 200 年的发展变化，经历了一个从 DBO 到 DBB，再到 DB/EPC 的变化。这个变化过程，正如否定之否定规律，绝不是简单的重复，而是工程交易水平和工程建设水平均经历了一个螺旋式上升和长足发展过程。在这一过程中，主要是美国的经济迅速发展，促进了工程技术日益进步，工程建设规模和复杂程度也随之提高。总之，不论是工程本身还是建设条件均发生了巨大的变化。因此，在这一条件下工程发包模式及相应管理制度不断的变迁，促进了工程建设水平的提高。

1.2.2 英国的工程总承包

国际上最早开始实行施工总承包（General Contractor，GC）的国家是英国。早在第一次和第二次工业革命期间，英国便开始大兴铁路，以施工总承包模式逐步专业化，其涉及的施工团队也得到可持续发展。土木工程师协会（The Institution of Civil Engineers，ICE）、英国皇家建筑师协会（Royal Institute of British Architects，RIBA）等专业组织便是在该背景下逐步成立。且到 19 世纪中叶，涉及的建设体系逐步定型。

GC 专业化工程建设体制是一种在工程建设领域中广泛应用的项目管理模式。该体制将工程项目的设计、施工和监理等各个环节整合在一个专业化的总承包商中，由该承包商负责项目的全面管理和协调，但这种体制，过分强调了市场的作用，参与的承包商可能更注重经济利益而忽视了项目的质量和安全，而 GC 体制中的合同分包和分包商的层级过多，增加了信息传递和沟通的难度和项目管理的复杂性。此外，GC 体制在政府监管不力或监管体制不完善的情况下，存在道德风险和不正当竞争的问题，影响项目的效率与工程进度等。针对此类情况，英国在工程发包模式方面采取了伙伴（Partnering）模式。

英国总承包项目管理中的伙伴关系模式，使总承包建设项目的各参与方通过签订合作协议，形成紧密的合作伙伴关系。这种模式强调项目参与方之间的合作、协调和共同目标的追求，以实现项目的成功交付，实现了风险的合理分担和矛盾的有效解决。在伙伴关系模式中，各参与方之间相互信任、相互依赖，共同追求项目的成功。利益联盟会共享回报，并共担项目的成本和风险。工党政府是提出方，但实施者是英国保守党，用以促进城市的发展与进步，是协调公共与私人经济的重要方式。这种基于伙伴关系的政策实施体系涉及中央政府、地方政府、私人部门和非营利组织之间的合作与协调。

伙伴模式又称多项目伙伴模式，该模式通过合作解决问题、优化流程以实现项目目标和利益最大化。如希斯罗快速铁路项目采用伙伴模式后，所用测量师比传统管理模式工程量下降了一半。该模式优势，不仅体现在协调项目参与方的关系，还推动了组织管理结构的改变。比如，英国国防部实行的两大项目，在引入该模式之后，一改过去的传统工作做法，按专业进行组织合作，转换了工作性质。如建筑专业的建筑设计师与该专业的施工承包方共同合作参与建筑建设，而不是与其他专业的施工承包方一起配合工作。

1.2.3　日本的工程总承包

与欧美国家不同的是，日本的工程发包模式特点体现在工程总承包企业的快速发展。21世纪初期，日本有50多万家工程承包企业，其中排名前20、前60和前100的总承包商所占市场份额分别为16.3%、23.8%和26.9%，超级承包商成为建设市场上的主导力量。17世纪时，随着土木工程建设需求的增加以及行业体制的形成，日本的工程总承包模式应运而生，其中总承包商位于该体制的最上层。明治维新的改革推动了建设行业的现代化发展，总承包商凭借资本、管理等方面的优势以及与政府的密切关系，进一步提高了在建设行业中的地位。

日本分包商是工程建设任务的主要实施者，总承包商则负责分配任务给分包商。经过长期博弈后两者形成长期合作的关系。对于分包商则强调并注重同总承包商的沟通与合作以便保持长久的业务联系。一些劳务型分包商对总承包商有着很强的依赖性。事实上，合作给双方都会带来稳定的收益。结合数据调查的结果，90%以上的分包商愿意与总承包商维持长久合作关系。专业分包商通过自发组织形成"协力会"，用以形成总承包商与分包商之间的合作平台，每个分包商就是该"协力会"主要成员之一。

近年来日本海外工程日益繁荣，从20世纪70年代开始，日本工程产业链不断扩大，从最开始的设计、规划，逐步向运营、维护与管理的高附加值领域拓展。工程承包行业的专业型企业和兼营型企业，历经了从 1955 年开始的 20 年时间，逐步从 10 所扩大至 300 所及以上。日本海外工程的逐步发展，体现在其大型对外承包工程的增加，其平均工程总额在一千万元以上。承包地更是从最开始的东南亚，逐步延伸至中亚等地区。所涉及的行业有电力行业、通信行业、石油加工行业、冶金行业，等等。项目中物资采购的海外筹措比率由 1997 年的 36.4% 增至 2014 年的 69.4%，是近年日本对外承包行业的一大特点。日本企业在海外工程项目中也以此手段来控制成本。发展至今，日本的海外工程承包企业主要由工程承包的专业型企业、兼营型制造业企业，以及综合商社组成。

1.2.4 我国的工程总承包

自中华人民共和国成立到 20 世纪 70 年代末，我国一直处在计划经济体制下，在工程建设领域实施的是自营工程管理模式，那个年代还没有工程交易的模式。20 世纪 80 年代初，我国开始推行工程总承包项目。历经四十多年的发展，工程总承包对建设项目的治理与管理产生了深远影响，在国内国际市场上，我国的工程总承包取得了长足的发展和进步。

自中华人民共和国成立到改革开放前这段时间，我们国家在工程建设领域设计、施工力量都相当薄弱。建设单位自营是主要的建设模式。新中国成立之后的这一特殊时期，勘察、设计、施工、项目管理的技术力量都非常薄弱，整个行业百废待兴。其中，自营模式是指建筑单位从设计到施工，完全自主进行，自行招募工人、采购机械设备等，自行开展工程建设等。建设实施过程中的有关技术管理等问题则由政府出面协调解决。1953 年至 1965 年，国内建设制度形成以建设单位为主的三方制度。甲方（建设单位）由政府主管部门负责组建，乙方（设计单位）和丙方（施工单位）则由各自的主管部门进行管理。在 1965 年至 1984 年期间，许多大、中型项目采用了建设指挥部的模式进行建设。建设指挥部由各参与方的代表组成，包括建设单位、设计单位、施工单位等相关参与方，以及监理、质检等相关部门。建设指挥部的目的是统一协调项目的各项工作，确保项目的顺利进行。后续的生产管理则由相应的机构负责。

从 1978 年改革开放以后，市场化的招投标开始出现在我国的建设工程领域，工程总承包在我国开始起步。由于受我国传统设计、施工分工领域的影响，在我国建设工程领域市场化的开始就使用了 DBB 模式。

1984 年 9 月，国务院发布《关于改革建筑业和基本建设管理体制若干问题的暂行规定》（国发〔1984〕123 号）文件之后引起较大反响，其第三条明确规定，工程承包公司负责全过程总承包或者部分承包，包括进行项目的可行性研究、选购设备、勘察设计、工程施工、生产准备、材料施工直至竣工投产各环节的工作。

国务院于 1984 年 11 月批转国家计委《关于工程设计改革的几点意见》（国发〔1984〕157 号）。按照该意见规定，从研究项目可行性直至建成试车投产各环节，承包公司可选择总承包全过程各项工作，也可选择单项承包。

1984 年 12 月，在《工程承包公司暂行办法》（计设〔1984〕2301 号）的通知中，国家计委、建设部就组建工程承包公司提出，各有关部门、地区可应组建多个（两个以上）工程承包公司，且在承包建设任务方面，可实现跨部门、跨地区承包，这样更有利于避免垄断，鼓励竞争。

1987 年 4 月，多部门联合发布《关于设计单位进行工程建设总承包试点有关问题的通知》（计设〔1987〕619 号），批准了可以进行总承包试点单位的设计企业，其中包括北京石化设计院、华工建筑设计院等。

1992 年 4 月 3 日，建设部在其颁发的《工程总承包企业资质管理暂行规定》（建施字第 189 号）中，对工程总承包企业进行了界定，同时还详细规定了企业应具备的资质。

1992 年 11 月，建设部颁发了《设计单位进行工程总承包资格管理有关规定》（建设〔1992〕805 号）。在该规定颁布之后，获得甲级、乙级工程总承包资格证书的企业分别为 560 家和 2000 家。

1999 年 8 月，建设部印发了《关于推进大型设计单位创建国际型工程公司的指导意见》（建设〔1999〕218 号）。

2000 年 4 月，国务院又转发了外经贸部、外交部、国家计委、国家经贸委、财政部、人民银行等六部委制定的《关于大力发展对外承包工程的意见》（国办发〔2000〕32 号）。

2003 年 2 月，建设部印发了《关于培育发展工程总承包和工程项目管理企业的指导意见》（建市〔2003〕30 号）。

2004 年 12 月，建设部印发了《建设工程项目管理试行办法》（建市〔2004〕200 号）。

通过以上文件可以看出，20 世纪 80 年代末到 90 年代初这段时间，在国际建设工程领域工程总承包浪潮的影响下，我国学术界、工程界推广工程总承包的呼声不断。

走在最前面的是化工行业。1984 年，原化工部第四设计院通过总承包的方式，负责承建江西氨厂改产尿素工程。实践表明本次试行工程总承包取得较好的成果，实现了建设工程项目的各项目标，该工程一次试车成功。此外，原化工部第八设计院按工程总承包模式圆满建设了四川乐山联碱纯碱工程。以上两家设计院在工程总承包试点方面取得了圆满成功，对化工行业推进总承包的模式有较大的参考价值。这对于整个勘察设计行业的发展有重要的里程碑意义，开启了行业总承包的先河。此后，化工、石油、电力等行业先行试点建成了一批影响力重大的标志性工程，也为工程总承包模式进一步在铁道、机械、电子建材、工民建等行业逐步普及积累了宝贵的经验。

20 世纪初，我国的工程总承包模式进入快速发展阶段。

1997 年，《中华人民共和国建筑法》明确提出，建筑工程应积极采取总承包的模式。此举通过法律的方式明确了工程总承包在建筑工程领域中的地位。

2000 年 4 月，国务院转发的《关于大力发展对外承包工程的意见》（国办发〔2000〕32 号），对国内承包公司要开发占领国际工程市场提出了明确的要求，包括从政治的高度、从全局的高度开展相关工作，用实际行动践行"走出去"的开发战略，力争在国际工程市场中取得成果，即在开发战略中取得重要成果。

2003 年，我国开始在全国范围内推广工程总承包和工程项目管理，原建设部颁发了《关于培育发展工程总承包和工程项目管理企业的指导意见》（建市〔2003〕30 号），试图进一步促进工程总承包发包模式的应用。列举了 EPC/交钥匙总承包、DB、设计－采购总承包（EP）及采购－施工总承包（PC）等工程总承包方法。这是深化我国工程建设项目组织实施方式改革，提高工程建设管理水平，保证工程质量和投资效益，规范建筑市场秩序的重要措施。近 20 年来，越来越多的企业集团、总承包企业通过工程总承包推进一体化设计、采购、施工管理工作。此类企业各方面的能力较强，特别是在设计、采购、施工、项目管理以及融资等方面都有出色的表现。在此背景下，设计领域、施工领域等相关企业积极改革与发展，并取得了较好的成果，为相关领域的蓬勃发展做出巨大的贡献。这对于我国改革工程建设项目组织实施方式，在充分保障工程质量的同时落实建设管理，促进整个建筑市场规范化发展有重要意义。

2004 年 11 月，原建设部发布了《建设工程项目管理试行办法》（建市〔2004〕200 号），对包括工程总承包业务在内的建设工程项目管理做出了规定。

2005 年 5 月，原建设部公布了《建设项目工程总承包管理规范》（GB/T 50358-2005），是总承包企业对工程总承包项目管理的规范性文件。

2011 年 9 月，住房和城乡建设部、国家工商行政管理总局联合公布《建设项目工程总承包合同示范文本（试行）》（GF-2011-0216）。由专门的公司对建设项目试行总承包制，从项目可研、立项开始，到设计、采购、施工，交付使用的整个过程实行总承包。这标志着国内的很多行业，如石化、建筑、水电、石油等行业相继采用 EPC 总承包模式。

2016 年以来，政府提出要完善工程组织模式，优化工程组织方式，加快相关的立法进程。住房和城乡建设部于 2016 年发布《关于进一步推进工程总承包发展的若干意见》（建市〔2016〕93 号），提出要推进工程总承包模式的进一步发展。

2017 年 2 月，国务院办公厅《关于促进建筑业持续健康发展的意见》（国办发〔2017〕19 号）提出："加快推行工程总承包……落实工程总承包单位在工程质量安全、进度控制、成本管理等方面的责任。"相关政府部门更是两次针对《房屋建筑和市政基础设施项目工程总承包管理办法》公开征求意见，凸显了国内政府部门对工程总承包模式发展的重视和给予的厚望。我国建设行业主管部门也寄希望于国内的企业，望其能在国内工程市场中磨砺经验，积累业绩，在国内增强自身实力，然后积极走出去，在国际工程市场上取得更大的成功。

2017 年 5 月，住房和城乡建设部对《建设项目工程总承包管理规范》（GB/T 50358-2005）更新为《建设项目工程总承包管理规范》（GB/T 50358-2017）。

　　2018 年工程总承包新签合同额合计 41585.9 亿元，与上年相比增加 21.4%。其中，房屋建筑工程总承包新签合同额为 15530.9 亿元，市政工程总承包新签合同额为 5442.6 亿元。工程总承包收入为 26046.1 亿元，占全国工程勘察设计企业营业收入（50.2%）的半壁江山。可以说工程总承包模式经过了近 40 年的培育和发展，越来越成熟。

　　2019 年 12 月，住房和城乡建设部、国家发展改革委联合印发了《房屋建筑和市政基础设施项目工程总承包管理办法》（建市规〔2019〕12 号），这是首个专门针对工程总承包的部委规范性文件，于 2020 年 3 月 1 日起正式施行。

　　据不完全统计，2016 年以来政府发布的文件约 16 个；自 2017 年 2 月国务院发布《关于促进建筑业持续健康发展的意见》（国办发〔2017〕19 号）以来，各省市主管部门也陆续发布了近 150 份促进工程总承包业务发展的相关文件。政策出台频次、力度堪称空前，可以看出国家层面推动住建行业工程总承包持续健康发展的决心，也彰显了我国健全并完善工程总承包制度的强大意愿和实际行动，为工程总承包的长期、持续、健康发展提供了更加坚实的制度保障；当然又从另一方面说明，国家建设领域工程总承包项目越来越多，相应的一系列配套措施也越来越规范和成熟。政府通过不断地出台政策以完善工程总承包执行中的不足，改变我国建筑业工程建设组织方式落后的局面，实现与国际接轨；同样，各方（承包方和发包方）在工程总承包领域也在不断查找不足，完善机制，寻找合理最优解。通过执行越来越多的工程总承包项目，设计、施工单位的工程管理理念已经完全、彻底地发生了改变。工程总承包正深刻地改变着工程建设领域的发展模式。

　　我国工程总承包在国际市场上也得到了长足的发展。2013 年 9 月和 10 月，习近平分别提出建设"新丝绸之路经济带"和"21 世纪海上丝绸之路"的合作倡议。自"一带一路"倡议提出以来，中国和沿线国家一道，在港口、铁路、公路、电力、航空、通信等领域开展了大量合作，新签对外承包工程合同额超过 5000 亿美元，有效提升了参与国家的基础设施建设水平。"一带一路"给了中国工程总承包企业走向国际舞台的一个绝佳契机。2011 年至 2017 年，我国持有对外承包工程经营资格的企业越来越多，7 年间，新增 1400 多家企业，达到 4391 家。2017 年 3 月，国家取消对外承包工程资格，完全开放对外承包经营。"一带一路"倡议提出后，我国占国际承包工程的市场份额持续上涨，占比超过 20%。在入围 ENR 全球最大 250 家国际承包商榜单方面，我国企业数量稳步增长，目前已经占据了入围企业总数的四分之一。有些企业已经成为世界顶尖的国际承包商。自 20 世纪中国"走出去"战略实施，到近年来"一带一路"倡议的提出和实施，更是随着我国综合国力的不断增长，中国工程企业在国际工程市场上的影响力显著，在世界上很多国家赢得当地人民的尊敬和好评。

工程总承包的发展历程，如图 1-1 所示。

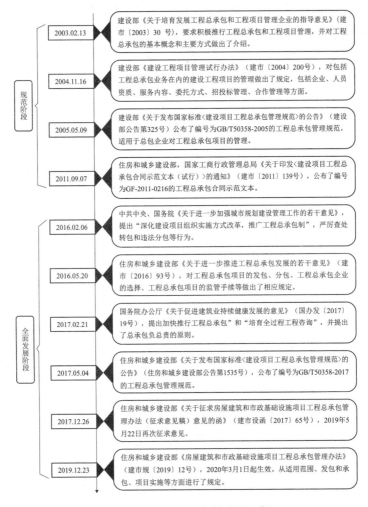

图 1-1　工程总承包的发展历程

1.3　工程总承包的发展现状及趋势预测

1.3.1　工程总承包的发展现状

1.3.1.1　政府支持

近年来，国家相关部门相继颁布了针对建筑工程总承包的一系列政策和法规，如《关于培育发展工程总承包和工程项目管理企业的指导意见》（建市〔2003〕30号）、《关于工程总承包市场准入问题说明的函》（建市函〔2003〕16号）、《关于推进建筑业发展和改革的若干意见》（建市〔2014〕92号）、《关于进一步推进工程总承包发展的若干意见》（建市〔2016〕93号）、《关于促进建筑业持续健康发展的意见》（国办发〔2017〕19号）等。这些政策法规意在推动建筑工程总承包行业的可持续健康发展，并且给予有效的管理和监督，确保总承包行业发展的可持续性和稳定性，为推动工程总承包行业的迅猛发展提供强有力的支撑。

2016年以来，《上海市工程总承包试点项目管理办法》、浙江省《关于深化建设工程实施方式改革　积极推进工程总承包发展的指导意见》《湖北省水利建设项目工程总承包指导意见（试行）》《四川省政府投资项目工程总承包试点工作方案》、深圳市《EPC工程总承包招标工作指导规则（试行）》等相继出台的地方性文件，为工程总承包业务落地提供了进一步的制度支撑。

同时，《建设项目工程总承包管理规范》《标准设计施工总承包招标文件》《建设项目工程总承包合同示范文本（试行）》等配套文件规范了每一个具体工程总承包项目管理的实施过程。

1.3.1.2 企业发展

工程总承包的企业分为以下四种类型：

第一类工程总承包业务的发展可以追溯到 20 世纪 80 年代，当时大量的化工院和石油院纷纷转型，到 21 世纪初，大型设计院（如电力、市政路桥、建筑等）也纷纷跟进，开始开拓本行业的工程总承包。

随着国家的政策支持，第二类施工单位也蓬勃发展。大型施工方，特别是八大建设央企，已经大力发展工程总承包领域，如中国建设、中国铁建、中国中铁等，仅 2020 年的工程总承包新签约额占比就高达 30%；大型地方施工单位及民营企业也开始争取尝试承揽工程总承包项目。

第三类是以设备见长的企业。比如东方电气、中国一重等，承接了很多以设备为核心的工程总承包项目。东方电气的国内外大型发电项目，单个合同金额往往可以达到几十亿美元。

第四类以其具备的核心技术为基础，通过技术创新和模块化实现工程总承包的企业。常见大型火电厂项目中的烟气脱硫、污水处理、布袋除尘等都属于此种类型，该种类型为工程总承包提供了一种全新的发展模式。

以上四类是目前国内做工程总承包项目的主要企业，随着国内总承包的发展，相信在未来会涌现出更多类型的总承包企业。

1.3.2 工程总承包推进过程中存在的问题

1.3.2.1 法规政策不完善

《中华人民共和国建筑法》（以下简称《建筑法》）、《中华人民共和国招标投标法》（以下简称《招标投标法》）和《建设工程质量管理条例》等法律法规仅对城市规划、岩土勘察、设计施工、工程建设监理、工程招标代理等方面有具体规定，但是对工程总承包业务却没有相应规定。由于许多地方政府监管部门，尤其是我国经济较落后的地方主管部门对工程总承包政策缺乏充足的认识和深刻的了解，导致工程总承包项目的市场准入标准和审批流程的缺失，不利于项目所在地区总承包行业快速发展。

由于对工程总承包政策的理解不够透彻，市场准入条件和备案程序不完善，工程总承包模式面临着严重的市场准入障碍。

传统的行业体制也给建筑企业的资质管理带来了过度细化的影响，这使得工程总承包模式的推广和发展受到阻碍。目前，不仅在市场准入、行业监督、招投标以及财政、金融、保险、税收等领域存在较大的限制，而且这些限制因素也对工程总承包的发展产生了负面的影响。

1.3.2.2 工程总承包优势不明显

企业若要进行工程总承包，就必须具备较强的设计、施工，以及前期的投融资能力。要求总承包方将设计、施工、采购、投融资等环节密切结合起来，更重要的是要把前期的项目策划、设计、采购、施工等环节交叉、深度管理，可以有效缩短工期，节约成本，从而满足业主方的需求。

然而，目前执行总承包项目企业投融资、设计、施工的整合仍然存在着许多不足，未能形成完善的统一管理体系，也未能实现有机的衔接。从设计院转型的工程总承包企业，在融资、采购和施工方面缺乏足够的经验；从施工企业升级的工程总承包企业更缺乏项目融资和设计的管理能力，这些都是影响整个行业发展的因素。在项目中标后，为了提高施工能力和设计能力，许多企业会选择将施工和设计中的弱势项分包，保留优势项。但是，这种方式并未使总承包的核心优势，即设计和施工的深度融合得到充分的发挥。具体表现有以下三点：

（1）没有建立起与工程总承包模式相适应的组织结构。众多企业虽已建立工程公司或类似机构，但往往对工程总承包项目缺乏总控能力，对项目的融资成本、建设成本、物资采购、设计施工、劳务分包等的总体协调和把控能力较弱。

（2）受设计、施工分而治之的长期影响，尽管工程总承包企业都在尝试走设计与施工一体化道路，但碍于思维固化、长久以来形成的企业文化束缚，大部分企业都没有形成设计、施工齐头发展的格局。

（3）企业过度追求项目所带来的实际效益，在人才使用上的不可持续行为，使人力资源管理陷入应急管理状态；出现高素质人才不足，低层次人员富余，人员层次结构不合理，人员流动频繁的情况；如何建立一套科学、合理、高效的人力资源管理体系，已是迫切需要解决的问题。

1.3.2.3　业主的顾虑重重

有些建设单位及一些管理部门不愿意推广工程总承包模式，这是最大的阻碍。应该消除不同部门管理导致的过程割裂以及分割的部门绩效考核，积极拥护和倡导工程总承包制的推广。对于发包模式的选择，部分建设部门往往只站在自身角度考虑问题，将自身的局部利益放在第一位。在我国，大型工程项目大部分都是国有投资或国有资金占主导地位，虽然实行项目法人责任制，但是工程项目方利益与业主方局部利益出现矛盾的现象较严重，特别是政府投资的公益性项目更为突出，工程项目的实施效果与业主方的利益完全不同。所以在这种工程环境背景下，选择工程发包模式便成为业主方的一种权利体现。为了平衡各方利益，他们一般不考虑工程总承包这种发包模式，甚至将工程分解后进行招标，以满足各方利益需要。

业主方普遍担心，在目前工程领域，具备工程总承包实力并且信誉良好的总承包人还比较缺乏，项目实行工程总承包有较大风险。不可否认，工程总承包模式在工程设计、施工和管理等方面对承包人要求较高。但我国长期以来基本是采用设计与施工分离的发包模式，设计单位、施工单位分别在各自的设计和施工方面达到了较高的水平；但如果要他们承建工程总承包项目，不论是设计单位，还是施工单位，在之前未涉足的领域（如技术、经验等）均存在较大的不足。他们需要在实践中逐步提高和积累，以弥补各自不擅长的一面。

工程总承包是被国际认可的一种工程建设模式。虽然有上述各种各样的问题，但努力改善并积极推进工程总承包，有利于增强企业的综合实力和核心竞争力，提高整个建筑业的管理水平，也利于企业走出国门承接海外业务，拓展自身业务空间。只有在国内外有了竞争力，企业才能更好地生存和发展。如今我国各行各业已从高速发展转变为高质量的发展模式，工程总承包从某种意义上说也是一种高质量发展模式。自 2019 年建筑行业政策文件颁布后，建筑行业正在转变观念，大力发展工程总承包模式，一批批施工单位转型，与设计院联合承接工程总承包项目，抑或自己成立设计部门来承接工程总承包业务。如今在"一带一路"政策的倡议和引导下，越来越多的企业加快与国际接轨，积极开拓海外市场，占领市场份额。所以在未来，国内一定会有更多的企业转变观念，顺势而为。在不断完善的政策引导下也必将会有越来越多的企业走上工程总承包之路。

1.3.2.4　缺少与之匹配的计量计价体系

根据"美国设计—建造学会"的报告，1995 年国际上"设计—建造"工程总承包比例为 25%，2000 年上升至 30%，2005 年为 45%。迄今为止，国际上工程总承包模式已在近 50% 的工程中被采用。然而，工程总承包模式在国际建筑市场迅猛发展的同时，在我国的推行却并不太顺利。

我国目前的建筑工程计价体系是建立在施工图基础上的。对于准备实施工程总承包的项目，由于在招标阶段没有正式的施工图，就只能变通地运用现行的建筑工程计价体系，采用定额费率下浮和模拟工程量清单的方式进行招标。所以，现行的计价体系在工程总承包项目中不完全适用。

现阶段由于现行的建筑工程计价体系配套不完善，工程总承包项目在可行性研究、方案设计或者初步设计完成后发包，不具有操作性。采用定额费率下浮和模拟工程量清单的方式进行工程总承包招标，与工程总承包模式的本质和特征相去甚远。

我国现阶段采用的计价方式无论工程量清单计价模式还是定额计价模式均是建立在完成施工图设计后，工程量清单项目及定额子目均划分较细，因此对设计深度要求较高。但工程总承包项目在招标阶段只有粗略的方案图（或初设图），无法根据现行的计量规范编制准确的工程量清单，也不能合理地确定工程总造价。业主单位不得不依据现有的计价体系进行工程总承包项目的发包，不得不按照与传统工程承包模式相同的计价方式进行工程总承包计价。特别是政府投资的房建及市政工程项目，项目管理、项目的实施运行都必须遵守国家的法律法规，开展工程总承包，如此一来更是难上加难。

1.3.3 **工程总承包趋势预测**

工程总承包有它独特的优势，让总承包方获取更大的收益。首先，业主可以拥有全面的、规范的、明确的和可行的管理，从而总承包商也拥有更多的决定权，让它们可以充分发挥自身的潜力，并且可以借助自身的专业知识和技术获取更大的利润；此外，通过实行总价合约，可以大大减少设计变更，提高施工速度，确保施工质量，满足各方的需求；通过这种方式，业主可以避免支付额外索赔和变更费用，并且可以减少不必要的流程，从而加快项目进度，提高效率和工程质量。

工程总承包模式有利于优化建筑行业资源。对于业主方，可以整体控制全过程投资，而且便于业主整体协调和把握工程质量、施工进度以及工程安全性能，可以真正实现项目的事前预测、事中管理和事后评估。此外，通过采用工程总承包模式，我们不仅能够利用先进的科学手段来达到对建设项目的高效管理，还能够大大降低施工成本，从而促进建筑业的发展。工程总承包模式是建筑业市场专业化分工必然趋势的一种体现，极大地推动了技术进步和科技创新，增强企业竞争力。

工程总承包作为一种依靠提高生产要素质量、盘活存量效率，实现经济增长的集约型经营管理模式，凭借在资源配置、综合效益等方面的诸多优势，势必克服各种不利条件，成为国内建筑市场中的主流模式。

经过近年来的高速发展，在政策及市场的牵引下，建筑企业在工程总承包模式的组织管理上进行了诸多有效的探索，取得了长足的进步。目前，施工类企业仍是工程总承包业务的主要运作主体，但设计主导的工程总承包模式在大型公共建筑和特殊行业（如化工、电力、冶金、建材等）领域具有优化设计、精准采购等优势。未来的工程总承包行业市场，无论是设计方或施工方主导，最终都将走向设计与施工的深度融合。

工程总承包头部企业正在形成，示范效应正在显现。从 2022 年中国勘察设计协会官网榜单数据来看，工程总承包业务呈持续快速发展的态势，年增速保持在 10% 以上。境外工程总承包总量不大，尚处于发育阶段，2021 年度境外工程总承包营业额在连续两年下降后呈反弹趋势，营业额较 2020 年度增加了

100 亿元，涌现出以中国电建集团华东勘测设计研究院有限公司等为代表的一大批工程总承包优秀企业。

作为我国"十四五"期间建筑业转型升级的标志，工程总承包模式正在国内兴起。据统计，受新基建、房地产等产业发展的带动，工程总承包行业产值不断增长，自 2017 年的 20 万亿元增长到 2021 年的 27 万亿元，未来其总产值也仍将呈现缓慢增长趋势，预计 2024 年达到 32 万亿元。

提升工程总承包管理能力和水平，是建筑业新时代发展的需要，更是企业转型升级、提质增效、创新发展的迫切需求。住建部和国家发改委共同颁布实施《房屋建筑和市政基础设施项目工程总承包管理办法》，坚持以法治促改革，以创新促发展，必将推动工程总承包走上快速发展之路。

第2章
工程总承包的计量计价

自新中国成立以来，基本建设工程发承包一直在施工总承包中占据主导地位，直至1984年国务院办公厅发文实行工程总承包。2017年，国务院办公厅再次提出推行工程总承包政策，并规定国家财政投入建设工程应带头实施工程总承包。目前，由于相关法律法规和建设工程计价规则仍建立在施工图发承包的基础上，导致采用施工总承包思维实施工程总承包困难重重。虽然住建部、中国建设工程造价管理协会（以下简称"中价协"）及各个省份均在陆续征求意见、编制或发布工程总承包计量计价的相关规范或标准，但迄今为止尚未有正式颁布的规范或标准，因此，展开工程总承包计价计量规则的讨论能够加深对工程总承包的造价认识，为解决工程总承包推行实践中的"卡脖子"问题（税金的计算）做好理论准备。

2.1 工程总承包计量计价概述

工程总承包模式在建筑业逐渐得到广泛应用，住建部、中价协以及各省（市）陆续发布了相关管理办法、实施意见以及招投标文件，但在实际过程中，该模式应用发展面临的最大瓶颈是计量计价方面的问题，只有完善工程总承包计量计价规则，才能推动工程总承包模式在行业中的高质量发展。因此，住建部、中价协及各省（市）均在陆续编制、征求意见或发布工程总承包计量计价的相关规范或标准（见表 2-1），力求为工程总承包模式的稳步发展提供保障。

表 2-1 国内各部门发布的工程总承包计量计价规范与标准

发文单位	相关规范或标准
中华人民共和国住房和城乡建设部	《建设项目工程总承包费用项目组成（征求意见稿）》（建办标函〔2017〕621 号）
	《房屋建筑和市政基础设施项目工程总承包计价计量规范（征求意见稿）》（建办标函〔2018〕726 号）
中国建设工程造价管理协会	《建设工程总承包计价规范》（征求意见稿）（2022 年版）
	《房屋工程总承包工程量计算规范》（征求意见稿）（2022 年版）
	《市政工程总承包工程量计算规范》（征求意见稿）（2022 年版）
	《城市轨道交通工程总承包工程量计算规范》（征求意见稿）（2022 年版）
福建省住房和城乡建设厅	《福建省房屋建筑工程总承包模拟清单计量规则（2022 年版）》（闽建筑〔2023〕1 号）
	《福建省房屋建筑和市政基础设施工程施工招投标工程计价实施细则》（闽建筑〔2022〕10 号）
	《福建省房屋建筑和市政基础设施工程总承包模拟清单计价与计量规则（2020 年版）》（闽建筑〔2020〕2 号）

发文单位		相关规范或标准
广西壮族自治区住房和城乡建设厅、财政厅		《广西壮族自治区房屋建筑和市政基础设施项目工程总承包计价指导意见》（试行）（桂建发〔2020〕4 号）
湖南省建设工程造价管理总站		《湖南省建设工程总承包计价办法（征求意见稿）》（湘建价市函〔2022〕29 号）
江苏省住房和城乡建设厅		《江苏省房屋建筑和市政基础设施项目工程总承包计价规则（试行）》（〔2020〕第 27 号）
四川省住房和城乡建设厅		《四川省住房和城乡建设厅关于四川省房屋建筑和市政基础设施项目工程总承包合同计价的指导意见》（川建行规〔2022〕12 号）
		《四川省住房和城乡建设厅关于调整四川省房屋建筑和市政基础设施工程总承包项目安全文明施工费计取标准的通知》（川建标发〔2022〕226 号）
浙江省	杭州市城乡建设委员会	《杭州市房屋建筑和市政基础设施项目工程总承包项目计价指引》（杭建市发〔2022〕27 号）
	杭州市城乡建设委员会	《杭州市房屋建筑和市政基础设施工程总承包项目计价办法（暂行）》（杭建市发〔2021〕55 号）
	省建设工程造价管理总站	《浙江省房屋建筑和市政基础设施项目工程总承包计价规则（征求意见稿）》（2021 年版）
	省住房和城乡建设厅、省发展改革委员会、省财政厅	《浙江省房屋建筑和市政基础设施项目工程总承包计价规则（2018 年版）》（浙建建发〔2021〕58 号）
	省住房和城乡建设厅	《浙江省工程总承包计价规则（试行）》（建建发〔2017〕430 号）

　　2019 年《中华人民共和国建筑法》的第二十四条规定："提倡对建筑工程实行总承包，禁止将建筑工程肢解发包。建筑工程的发包单位可以将建筑工程的勘察、设计、施工、设备采购一并发包给一个工程总承包单位，也可以将建筑工程勘察、设计、施工、设备采购的一项或者多项发包给一个工程总承包单位。"

　　近年来，政府投资和国有投资的一些大项目由于规模巨大、工期紧迫、筹款难度大等原因使得施工图设计难以完成。因此，新型承发包模式（如设计施工总承包）被越来越多地采用。为适应国内建筑市场的发展，加强工程总承包的推行力度，2014 年 7 月 1 日，住房和城乡建设部印发了《关于推进建筑业发展和改革的若干意见》（建市〔2014〕92 号），并进一步明确了地方政府部门对设计施工总承包项目的监督管理。

为规范工程总承包合同当事人之间的市场行为，促进工程总承包的健康发展，住房和城乡建设部、国家工商行政管理总局联合印发了《建设项目工程总承包合同示范文本（试行）》（GF-2020-0216），《标准设计施工总承包招标文件》（发改法规〔2011〕3018 号）则由国家发展改革委、工业和信息化部、财政部、住房和城乡建设部、交通运输部、铁道部、水利部、广电总局、中国民用航空局制定并发布，其中包含国家通用合同条款。

由此可以看出，我国已经开始制定并颁布具体的文件对设计施工总承包项目的招标和合同做出规定。但从上述的工程计量计价规范及标准的梳理来看，目前在国内并未发现政府正式颁布的权威性工程总承包计量计价规范及标准。故下文根据中价协关于《建设工程总承包计价规范》等四项团体标准的公开征求意见稿进行论述，解读多层级工程量清单体系以及与之配套的建设工程计价规则和依据。

2.2　国外及中国香港地区的工程计量与计价

国外以及我国香港地区较为广泛地采用工程总承包模式，这些地区的市场经济体系已相对成熟，工程计价（又称工料测量）实行完全市场化，但中国大陆地区则缺乏与工程总承包模式对应的计价规则。政府相关管理部门也未曾发布与工程总承包计价规则直接相关的法律法规、标准和规范。

尽管如此，国外及中国香港地区在开展工程总承包项目的管理中，以及在工程总承包项目的发承包过程中，仍然有一些成熟的做法值得我们借鉴和参考。

2.2.1　英国的计量与计价

2.2.1.1　英国工程项目的划分

英国建筑工程分为公共工程和私人工程两种类型。公共工程的业主包括中央及地方各主管部门、政府代理机构、非部门政府机构，以及国家工业、住房协会、学校等机构。政府每年都会投入大量资金用于公共工程建设，并由各政府部门对公共工程的计划、采购、建设实施和维护进行管理。

国家的法律法规对工程造价有很大影响，而英国法律法规与国内相比存在差异，因此其对工程造价的影响也有所不同。英国法律法规分为三套，即英格兰和威尔士一套、苏格兰一套、北爱尔兰一套。本文重点探讨英格兰和威尔士的法律法规（见表2-2）。

表 2-2　英国建设工程的法律法规体系

法律法规层次	各层次所含法律法规
法律（ACT）	建筑法（Building Act）、住宅法（Housing Act）等
法规（Regulation）	建筑法规（Building Regulation）、建筑产品法规（Building Products Regulation）
技术准则（Guidance）	现行的建筑技术准则与建筑法规相对应
标准（Standard）	英国标准化协会制定了大量英国标准（British Standard），目前大约有 3500 ～ 4500 个涉及工程建设

2.2.1.2　英国建设项目各阶段的计价

（1）项目立项阶段。建设项目立项阶段要求工料测量师必须参与其中，通过组织调查，分析讨论收集项目信息资源，并评估项目初步预算，最后比较设计方案。投资额一经批准或确认后，即为建设项目的投资最高限额，也成为了之后工程造价管控的重要目标。

（2）初步设计阶段。该阶段要求设计师、工程师和工料测量师共同协作，对设计方案进行技术和经济方面的论证和优化，以及协调相关专业的工作，这有助于减少施工过程中的设计变更。在该阶段工料测量师需根据初步设计的图纸和设计说明书编制工程量清单。

英国没有工程计价定额，价格完全由市场决定。为此，皇家特许测量师学会建立了一个全网联网且各方面都较为完善的数据库，涵盖了每一位会员参与的已完工程的造价资料。会员需要按规定格式将这些资料输入数据库，以供其他会员共享。数据库还为工程造价指数的公布提供了依据，为缺乏图纸及数据资料的各类相似工程项目提供了关于工程造价的有关资料信息。除此之外，政府有关部门也会公布工程造价指标、市场物价指数等相关的统计资料。相关刊物，如《工料测量师》会提供国内外各类建筑工程的造价信息。有关专业学会、专业技术图书馆（如皇家特许测量师学会图书馆等）也提供了各类工程造价信息。

在这种全面的深入的工程造价信息化管理体系中，工料测量师通过自己的执业能力和经验判断，使建设工程前期立项阶段和初步设计阶段的估算、概算和计价工作顺利完成，而通过分析和探讨工程造价指标和技术经济，既可以选出最佳建设方案，也可以为工程实施阶段进行造价控制奠定基础。

英国建设项目前期工程计价任务和方法，如表 2-3 所示。

表 2-3　英国建设项目前期工程计价任务和方法

建设阶段	工料测量师任务	使用方法
可行性研究	根据质量要求，定出造价范围或参照业主的造价限额提出建议	业主工程测量师会根据相似建筑的实际造价，综合考虑地区差异、现场条件、市场情况和工程质量等因素进行调整。其通常使用比较法或内插法快速得出临时估算值
轮廓性方案	根据业主要求，对方案设计进行初步估算，可以通过分析过去建筑物的各项费用，或按规范得出近似的工程量	根据建筑物的各个分部分项工程或重要部位，制定临时的造价指标数字，并可采取分解因子或加权的方法对不同结构形式、材料和设备进行造价比较分析，考虑经常性费用和维护费用
草图设计	根据建筑师和工程师提供的草图、质量标准说明和功能要求，制定造价规划草案（概算），并编制出最终造价规划，提交给业主审批	

2.2.1.3　工程计价的精确度要求

英国的建设项目在各个阶段的精确度有相应的规定，包括策划阶段的估算精度不超过 ±50%、初步估算的精度不超过 ±30%、投资概算的精度不超过 ±20% 以及投资限额的精度不超过 ±10%。

2.2.1.4　计量规则

针对政府投资工程项目和私人投资工程项目，英国通常采用不同的项目管理方式。所有政府投资的公共工程项目都需遵守统一的设计标准和测量规则，而对于无非法违章情况的私人投资工程项目，英国政府则不会进行干预和限制。英国建筑工程标准计量规则（Standard Method of Measurement of Building Works，SMM7）是由英国皇家特许测量师学会和建设业主联盟联合颁布的统一工程测量规则，其价格主要取决于市场因素。

SMM7 将工程量的计算分为 23 个部分，包括开办费及总则，完整的建筑工程，拆除、改建和翻建工程，地面工作，现浇混凝土和大型预制混凝土，砖石工程，结构、主体金属工程及木制工程，幕墙屋面工程，防水工程，衬板、护墙板和干筑隔墙板工程，门窗及楼梯，饰面工程，家具设备，建筑杂项，人行道、绿化、围墙及现场装置工程，处理系统，管道工程，机械供热、冷却、制冷工程，通风与空调，电气动力照明，通信、安全及控制，运输系统，机电安装。

2.2.1.5 工程造价指标和指数

英国政府有关机构定期收集与工程相关的数据资料，并对其进行整理和出版，以确定工程造价的指数和指标。此外，英国贸易工业部的建筑市场情报局还会定期发布不同建筑材料的市场价格和价格指数的波动情况，主要有以下三个方面的内容：

（1）建筑价格指数：包括公用建筑、公用住宅建筑和道路建筑投标价格指数。

（2）建筑产出价格指数：衡量英国建筑工程项目的价格变化，主要基于投标价格、劳动力和建筑材料成本指数以及建筑新定单的实际价值。

（3）建筑资源成本指数：包括非住宅建筑、住宅建筑、道路建筑、基础设施、非住宅建筑维护和住宅建筑维护的资源成本指数。

2.2.1.6 英国皇家特许测量师学会（RICS）的规则

对于建设工程前期的估价及计价，RICS 也给出了指导和规则。

（1）可行性研究阶段

可行性研究阶段的价格评估通常采用单位成本法，随后再使用元素法对其进一步完善。所谓元素法，是指建筑项目被分解成主要构成部位和细分部位，通常采用建筑成本结构分解，并进一步由 RICS 的建筑信息成本部门进行开发，使可行性研究阶段的价格评估包含了成本分析的国家级数据库，并可以进行网络访问完成价格评估。

（2）设计阶段

在该阶段，工料测量师应与设计团队合作开发成本，重点运用价值管理和风险管理方法进行估价。工料测量师需要注意建设项目的资金情况、技术要求以及在寿命周期成本上的影响，并保证将成本控制在实际范围之内，不增加任何额外的比率。

（3）成本核算

在设计流程中对成本要素控制的执行。

（4）建设前期的工程计价流程和成本管理要求，如表 2-4、表 2-5 所示。

表 2-4   建设工程前期的工程计价流程

	阶段	流程
1	战略定义	投资决策
2	准备与方案 成本限额与成本估算 成本评估	预期成本与初步成本估算
3	方案设计	第一阶段成本规划
4	设计方案深化	第二阶段成本规划：成本目标
5	技术设计	成本控制子系统：成本审核、修正
	产品信息	成本核查
		工程量清单
		第三阶段成本规划：招标前评估
	招标	招标后评估：成本分析
		合同总金额

表 2-5　建设前期阶段的成本管理技术及使用方法

建设阶段	管理技术	使用方法
编制概要	初步估算	插值法、单一费率估算
概念设计	成本规划	单一费率——单平方米法、立方米法
改进设计	成本规划、核算与控制	多费率——近似量估算、元素估算
技术设计	成本核算与控制、成本分析	单位成本规划、工程量清单、单位成本分析

2.2.2 美国的计量与计价

美国建筑行业的繁荣得益于其拥有全球最发达的市场经济体制，多样化的投资和先进的智能建筑技术及管理进一步推动了美国建筑行业的壮大。同时，美国的工程造价管理是在高度成熟的自由竞争市场经济环境中逐渐形成的。

美国的建设工程分为政府投资和私人投资两大类，其中私人投资占建筑业总投资额的 60%～70%。由于美国联邦政府没有设立专门管理建筑业的部门，因此美国的工程造价咨询业全部由行业协会负责管理。这些行业协会包括美国土木工程师协会、总承包商协会、建筑标准协会、工程咨询业协会、国际工程造价促进会等。

2.2.2.1 美国工程造价管理的特点

（1）全面市场化的工程造价管理模式。在缺乏国家系统的工程量计算规则和计价依据的前提下，一方面，各级政府部门对各自管理的政府投资工程制定了具体的计价标准；另一方面，项目承包商需要依据自身累积的工程经验做出合理报价，同时，工程造价咨询服务机构依据自身累积的工程造价数据和市场信息，协助业主和承包商并对工程项目提供全过程、全方位的质量管理与咨询服务。例如，工程的价格由咨询机构综合各种因素进行决定（如造价指数、地区的数据库等）。美国各州政府也会有制定的价格指数，但只适用于政府投资工程。美国工程造价体系中，有由美国施工规范协会（Construction Specifications Institute，CSI）编制的标准格式，从而在工程项目管理与成本核算过程中划分建筑工程的各个分部分项工程。类似于我国利用工作分解结构原理（Work Breakdown Structure，WBS）制定的工程量清单。对于前期估算，华盛顿交通部颁布的估价手册就较为详细。

（2）相对健全的法律法规及信誉保障体系。美国工程造价管理是建立在相关的法律法规体系基础之上的。例如，在美国建筑行业中，工程合同管理要求严格。工程合同具有法律约束力，严格规定了各方的权利和义务，包括业主、承包商、分包商以及第三方咨询服务提供者，均应按照合同内容开展业务。同时，美国的工程造价咨询服务机构具有相对健全的合同管理体系和完备的企业信誉管理系统平台。各个企业都把自身的业绩和信誉作为企业长远经营的关键保证、重要条件。

（3）完善的社会化管理体系。美国工程造价咨询业采用政府部门和行业协会共同管理和监督的模式，即"小政府，大社会"的管理方式。美国政府采取宏观调控方式管理该行业的发展，行业协会则承担了对专业人员和法人团体的管理职责，并负责具体的管理工作。

（4）现代化的管理手段。当今的工程造价管理均要求采用先进的计算机技术和网络信息技术。美国广泛应用信息技术，提高了项目参与者沟通和信息传递的效率，并能迅速、精确地提供工程市场信息。工程造价咨询机构也可以更方便地收集、处理和分析复杂的工程项目市场数据。

2.2.2.2 华盛顿交通部估价手册

华盛顿交通部是负责多种交通方式的部门，与其他部门协作，致力于确保人民和物资安全高效地运输。该部门主要负责维护和提升州内道路、铁路、航空、自行车道、人行道等设施的质量。

该部门制定了一份估价手册，名为"Cost Estimating Manual"，其中建议采用参数法、历史数据法以及相似项目类比法等方法，在项目的前期目标范围阶段、计划阶段和设计阶段进行估价。使用官方发布的计价应用软件，输入相应数据即可获得估价结果。该软件是华盛顿交通部于2012年发布的，主要用于道路工程项目前期阶段的估价，例如，道路附属部分、道路加宽、斜坡修改、互通式立交、加宽桥面、修建新桥、修建新隧道、修建挡土墙以及修建隔音降噪墙等。

该手册详细描述了工程项目在不同阶段的估价方法：（1）在项目目标范围确定阶段，要求造价人员进行大致估价；（2）在前期计划阶段，可以采用参数法、历史数据法或相似项目类比法进行估价；（3）在前期设计阶段，要求造价人员进行分部分项工程单价估量及估价；（4）该手册还附有表格，用于指导在不同程度项目阶段中对应的估价误差范围。

2.2.3　中国香港地区的计量与计价

中国香港地区的工程造价管理模式继承了英国的体系，不采用标准定额，而是采用工程量清单，工程价格主要由市场调节。在工程管理主体、测量规则、工料测量事务所和专业人士的执业范围、深度等方面，都根据各自特点做出了相应改变，以更好地满足中国香港地区工程造价管理的具体需求。

香港工料测量师在确定各个阶段的工程造价时，会选用更简便、合理、适当和准确的计价依据。采用的计价依据是经过对已完成工程的造价资料、数据的归集、统计分析与研究，从而建立已完成工程造价信息系统数据库，并以此形成计价依据。

（1）投资估算阶段：在业主提供工程项目概念设计、基本特征、实际需要后，选用已完成工程造价信息数据库中的综合估算指标，即将全部工程量与相关的综合指标相乘，再加上必要的调整系数，计算出建设项目的投资估算价格。

由于缺乏具体图纸和详细构造，为了正确预测项目估算费用，工料测量师必须与业主、设计师进行充分交流，熟悉与工程项目相关的每一个细节，全面了解影响造价的各个因素，从而使投资估算误差更小，更好地与实际情况相结合。

（2）设计概算阶段：设计师完成项目的初步设计后，工料测量师通常使用一些便捷的方法进行匡算。这些方法包括按单位楼层面积、最有效应的造价参数、主要功能的分部工程量、分项的大约工程量和工程量清单进行计算。

对于按工程量清单计算的方法，一般使用已完成建设项目工程造价信息系统数据库中的设计概算指标，将其与初步设计提供的项目工作量相乘，再加上一定的建设预备费用，形成项目的设计概算。

（3）合同价确定阶段：该阶段是在经过招投标工作后确定承包商并确定合同价的阶段。在这一阶段，工料测量师以专业角度站在客观、公正的立场上，根据具体的建筑施工图纸确定工程量。通过对已完成项目工程造价信息系统数据库中相应的各项划分指标、指数等数据进行调整，以便与工程实际情况相符，确定该工程项目的预算造价。这个价格可作为业主的标底价格和签订合同价时的心理底价，为评标提供参考标准。

2.3　多层级的 工程总承包清单体系

2.3.1　我国计价体系的发展历程

2.3.1.1　计划经济体制下的定额计价模式

新中国成立后，需要进行大量的城市修复和重建工作，基本建设任务非常繁重。为了更加合理地使用有限的基本建设资金，中国引进了苏联的一套工程定额计价模式。所有建设工程项目的计价都是依据预先编制好的各类工程建设定额标准进行的，体现了政府对建设工程项目的投资与管理。政府行政主管部门对各要素（如人工、材料和机械）的价格和消耗量标准进行统筹制定，以便有效地管理工程造价。

2.3.1.2　市场经济体制下的工程量清单计价模式

工程量清单计价模式是随着中国建设市场的发展变化而形成并发展起来的。

定额计价模式对我国工程造价的管理发挥了重要作用，为政府部门的投资控制提供了良好的管理体系。然而，随着社会主义市场经济发展和市场体制改革的深化，原有的定额计价模式已无法满足国内建筑市场的实际需要。由于建设要素市场逐渐开放，各种建筑材料已不再统购统销，因此人工、材料和机械台班的要素价格不断浮动。这导致定额中提供的要素价格与市场实际价格不符，因此按统一定额计算出的工程造价无法很好地实现投资控制的目的。此外，由于《招标投标法》的实施、《建设工程施工合同（示范文本）》的出台，以及我国加入 WTO 后与国际市场衔接效率的提升，这些客观条件都推动了工程量清单计价模式在我国的推广与使用。

随着中国建筑工程行业的逐渐市场化和国际化，工程量清单计价模式作为一种更加科学合理的计价模式，并利用企业的自主报价和市场竞争来调剂和优化各方面的因素，从而可以合理地分摊市场风险，进而保障了建筑行业的市场秩序。此外，基于工程量清单的信息透明性，在很大程度上还可以减少建设工程中的一些违法违规行为，这也可以推动建筑行业逐步形成有序的市场竞争机制。在工程计价的具体工作中，由于工程量清单计价模式使用综合单价计价的模式，相比原计价模式，可以进一步提高工程造价工作的规范性、明确性和科学性，同时实现对各项工程所需费用的精确分化，并且通过科学计算大幅度地提升计价工作的效率。

综上所述，工程量清单计价模式是一种更为科学、合理的计价模式，有着系统、规范、合理、明确的工作原则与过程，不但可以优化市场竞争，大大提高工程计价效率，还可以推动中国建设行业向更加科学先进、国际化的道路上发展。

2.3.2 我国现行计价体系在工程总承包应用中存在的问题

我国目前的计价体系主要以施工图为基础。然而，由于工程总承包项目在招标阶段没有正式的施工图，现行的计价体系无法适用于工程总承包项目，因此，在这种情况下，工程总承包只能采用定额下浮和模拟工程量清单的招标方式。

2.3.2.1 定额计价（费率招标）在工程总承包中存在的问题

费率招标是指建设工程招标投标过程中，招标人要求投标人按费率高低去替代工程总造价来进行竞标的一种方式。评标委员会主要以投标人所报的费率为主，并考虑所报工期、质量承诺、施工组织设计和企业施工业绩等指标来进行综合评审，最终选择中标方案。

定额下浮（费率招标）的好处是招标流程简单，期限短暂，无须详细的施工图和工程量清单，只需填写定额下浮率。这种计价模式可以避免在工程总承包项目招标过程中不能编制完整的工程量清单的问题，但也没有充分体现市场竞争。

在招标阶段，采用定额下浮的计价模式简化了流程，但在施工阶段出现了许多问题。其一，承包双方需要分配大量造价工作人员来计算工程量和价格。其二，在施工过程中，通常会发生大量关于质量和费用的争议。其三，所有未包含在定额中的施工方案都必须按实际情况计算费用。在结算阶段，存在大量的争议和时间限制。甲乙双方对于定额无法计取的项目或定额争议问题，只能寻求官方解释说明。如果在施工过程中存在较大的工程材料价格争议或者未确认的价格，则可能会导致结算时间变长。使用定额下浮的计价模式无法准确计算总造价，只能暂定合同金额，这不利于业主把控总造价，并控制设计变更和签证，最终可能出现超预算和违背招标初衷的情况。

2.3.2.2　模拟清单在工程总承包中存在的问题

工程量清单计价是目前主流的计价方式，适用于大多数工程，并且对甲、乙双方公平、风险较低。但在招标阶段，由于只有初设图，无法编制准确的工程量清单，因此常采用模拟工程量清单进行招标。但由于图纸深度和编制人员专业水平的制约，模拟工程量清单可能存在漏项或错项，承包商可能会出现不平衡报价以增加索赔风险。

采用模拟工程量清单招标时，施工过程中可能出现未列入清单或与施工图不符的情况，从而导致承发包双方观点和看法的不同，进而引起争议。值得注意的是，这种招标方式实质上与"工程总承包模式"无关。

综上所述，我国现行的工程计价体系（定额计价和工程量清单计价）在工程总承包的招标、施工和结算阶段，均存在一定问题。因此，我们需要探索适应新市场、新环境和新承发包模式的计价体系。

2.3.3　多层级的工程总承包清单体系的提出

工程总承包模式的大力发展，会对其发承包方式、清单编制和计价方式提出新要求、新做法。目前，基于《建设工程工程量清单计价规范》（GB 50500-2013）的工程量清单计价模式，主要适用于施工图设计完成后的 DBB 模式下的工程发承包方式，难以满足工程总承包模式下的发承包和计价需求。因此，亟须建立与工程总承包特点相适用的清单和计价方式，以推进该模式的发展。

2016 年 5 月 20 日，《住房城乡建设部关于进一步推进工程总承包发展的若干意见》（建市〔2016〕93 号）提出："工程总承包项目的发包阶段。建设单位可以根据项目特点，在可行性研究、方案设计或者初步设计完成后，按照确定的建设规模、建设标准、投资限额、工程质量和进度要求等进行工程总承包项目发包。"因此，工程总承包项目的发承包，应该分阶段、分层次进行，由此可构建多层级的清单及计价规则。

多层级的工程总承包清单体系可以表述为：

（1）可行性研究完成后，编制项目清单，确定计价方式，满足该阶段发承包的招标要求和投标报价要求；

（2）方案设计完成后，编制项目清单，确定计价方式，满足该阶段发承包的招标要求和投标报价要求；

（3）初步设计完成后，编制项目清单，确定计价方式，满足该阶段发承包的招标要求和投标报价要求。

正如本书中"1.1.2.3 EPC 与 DB 的选择"依据不同的工程总承包、发承包起点，分阶段、分层次地选择具体的工程总承包模式，体现了工程总承包的层级性。

清单的核心是实行"量价分离"原则，是我国工程造价管理体制改革的重要举措，在统一的项目划分、计量单位和工程量计算规则下进行清单编制，实行投标人自主报价。由此，清单体系构成应由计量体系和计价体系两部分组成。

多层级清单体系的实质是将建设项目根据不同的设计阶段、设计深度、复杂程度等进行多种层级的划分，仍然按照"量价分离"原则，配套建立相应层级清单的计量、计价的相关规范及标准。

2.3.4 构建多层级清单体系的实践意义

2.3.4.1 国家相关政策的要求

《住房城乡建设部关于推进建筑业发展和改革的若干意见》（建市〔2014〕92 号）指出："建立与市场经济相适应的工程造价体系。健全工程量清单和定

额体系，满足建设工程全过程不同设计深度、不同复杂程度、多种承包方式的
计价需要。"

2011 年 9 月，住房和城乡建设部、国家工商行政管理总局颁布了《建设项
目工程总承包合同示范文本（试行）》（GF-2011-0216），同时国家发展改革委
员会与工业和信息化部等 9 部委制定发布了《标准设计施工总承包招标文件》
（发改法规〔2011〕3018 号），以规范设计施工总承包项目的招标、投标和合
同。然而，与之相匹配的清单计价体系仍不够完善，无法满足设计施工总承包
的计价需求。所以，建立多层级清单体系是满足建筑市场需求、完善国家相关
政策的需要，建立多层级清单体系可以适应估算、概算阶段的计价需要。

2.3.4.2　工程总承包模式的需求

近年来，面对规模巨大、工期紧迫、资金筹措困难的政府和国有投资项
目，通常采用以设计施工总承包为代表的新型承发包模式，并在方案设计阶段
或初步设计阶段进行承发包，以应对复杂的施工图纸情况。而国内现行的工程
量清单计价规范是在原有的设计—招标—施工的建设模式下形成的，仅适用于
施工图阶段，不能充分满足设计施工总承包的招标要求，亟须出台新的清单体
系以满足需求。

因此，建立多层级清单计价体系可以让使用方按照自身情况进行使用，图
纸已经完善时可选下层项目，图纸还未完善时可选较综合的上层项目，使多
层级清单计价体系在不同阶段发包的设计施工总承包项目中，能够得到灵活
运用。

2.3.4.3　工程造价管理改革的需求

《中共中央关于全面深化改革若干重大问题的决定》指出："完善主要由市
场决定价格的机制，凡是能由市场形成价格的都交给市场，政府不进行不当干
预。"工程造价是市场决定价格的重要组成部分，应进一步健全市场决定工程
造价的机制，充分保障市场的自主定价权。

目前的工程造价管理已无法满足新型城镇化和建筑业转型发展的需求。新

型城镇化需要建设绿色、节能、低碳、智能建筑，建筑业的转型发展必然使工程管理方式发生变革。基于施工现场制作、自有机械设备制定的计价依据与市场专业分工、工业化生产、机械设备租赁存在脱节；基于施工图的工程量清单计价规范无法满足设计施工一体化发承包计价的要求。因此，必须深入推动工程造价管理的变革，健全计价依据体系，为新型城镇化和建筑业改造升级提供强大保障。

工程造价管理改革的总体目标之一是健全工程项目划分机制，形成多层级清单体系，这既是进一步推进工程造价管理变革的需要，同时又有助于规范设计施工总承包项目的招投标，推动建筑市场的有序竞争以及企业的健康发展。

2.4　多层级的工程总承包项目清单

　　按照中价协发布的《房屋工程总承包工程量计算规范》《市政工程总承包工程量计算规范》《城市轨道交通工程总承包工程量计算规范》征求意见稿，对多层级项目清单做出了细化的论述。

2.4.1　项目清单的概念

　　《建设工程工程量清单计价规范》（GB 50500-2013）的术语中有"招标工程量清单"以及"已标价工程量清单"，《标准施工合同条件》和《建设工程施工合同》（示范文本）中的术语均为"已标价工程量清单"。由于工程总承包不仅仅是建筑安装工程项目发包，且建筑安装工程的施工图设计也发包给承包人，因此，工程总承包的计量和价款支付已不可能按照承包人设计的施工图进行。与之相对应，参照《标准设计施工总承包合同条件》和《建设项目工程总承包合同示范文本》定义适合工程总承包的"项目清单"和"价格清单"（详见本章 2.5）。

　　项目清单是指发包人提供的载明工程总承包项目的工程费用、工程总承包其他费和工程总承包预备费（暂列金额）的名称，以及其他要求承包人填报内容的项目明细。

　　多层级项目清单根据图纸设计深度将工程项目划分为不同的扩大分部工程或扩大分项工程，并建立相应的清单计量体系，以满足工程总承包在不同复杂程度、设计深度、承包方式和管理需求下的计量需求。

2.4.2 多层级项目清单总体结构

为了适应不同的复杂程度、设计深度、承包方式和管理需求，以及各种专业工程计价的要求，多层级项目清单需要从纵向和横向两个维度进行结构设置。

在横向维度上，各层级项目清单通常根据建设工程使用功能的特点进行划分。根据《建设工程分类标准》（GB/T 50841-2013），专业工程可划分为房屋建筑工程、市政工程、公路工程、铁路工程、水利工程、民航工程、水运工程、海洋工程、煤炭矿山工程、商业与物资工程、林业工程和农业工程等不同类型。

在纵向维度上，多层级项目清单可按照图纸设计深度的不同划分为方案设计后清单和初步设计后清单两个层级。

多层级项目清单总体结构，如表 2-6 所示。

表 2-6   多层级项目清单的总体结构示意

序号	专业工程	方案设计后项目清单	初步设计后项目清单
1	房屋建筑工程		
2	市政工程		
3	公路工程		
4	铁路工程		
5	水利工程		
6	民航工程		
7	水运工程		
8	……		

2.4.3 多层级项目清单的层级划分

2.4.3.1   各阶段图纸设计深度比较分析

工程设计文件是编制工程量清单的重要依据。根据 2008 年建设部颁布的

《建设工程设计文件编制深度规定》，民用建筑工程可以划分为方案设计阶段、初步设计阶段和施工图设计阶段。方案设计阶段深度应满足编制初步设计文件的需求。初步设计阶段一般指项目的宏观设计，应满足编制施工图设计文件的要求。在施工图设计阶段，应绘制出正确、完整、尽可能详细的建筑和安装图纸，并包括建设项目部分工程的详图、零部件结构明细表、验收标准、方法、施工图预算等。各阶段设计文件的组成内容，如表 2-7 所示。

表 2-7　设计文件包含内容对比表

设计阶段＼对比内容	方案设计阶段	初步设计阶段	施工图设计阶段
各阶段设计文件所包含的内容	1. 设计说明书； 2. 总平面图和建筑设计图纸（如果是城市区域供热或区域煤气调压站，还需提供热能动力专业设计图纸）； 3. 设计效果图	1. 设计说明书； 2. 专业设计图纸； 3. 主要设备或材料清单； 4. 专业计算书（非必须）	1. 专业设计图纸（包括图纸目录、说明、必要的材料设备表和总封面）； 2. 涉及建筑节能设计的专业说明（注明建筑节能设计专项内容）； 3. 专业计算书（非必须）

表 2-7 将工程量清单按照施工图设计深度划分为不同项目，与《建设工程工程量清单计价规范》（GB 50500-2013）及配套计量规范一致。本课题重点比较了方案设计阶段和初步设计阶段在建筑、结构、给排水方面的设计深度。

2.4.3.2　多层级项目清单划分

基本建设工程可分为建设项目、单项工程、单位工程、分部工程和分项工程。单项工程是具备独立设计文件、生产能力和适用效益的工程，由多个单位工程构成；单位工程是具备独立施工条件和使用功能的建筑物或构筑物，包含多个分部工程；分部工程根据工程部位和结构形式等不同因素划分，包含多个分项工程；分项工程则按工种、构件类别、设备类别和使用材料等因素划分。

按照设计的各阶段成果文件内容和计量特点，具体的层级项目清单划分，如表 2-8 所示。

表 2-8　方案设计阶段和初步设计阶段的各层级项目清单的划分

设计阶段	项目划分情况
方案设计阶段	根据方案设计文件深度与计量特点，主要分为竖向土石方工程、主体结构工程、外装饰工程、室内装饰工程、给排水工程、消防工程、强电工程、弱电工程、暖通工程、电梯工程、室外总平景观绿化工程、室外管网工程等项目，并以此作为方案设计工程量清单项目的设置依据
初步设计阶段	根据初步设计文件的深度和计量特点，可以在方案设计工程量清单项目基础上按扩大分项工程进行划分。建筑工程可以以主体结构工程为例划分为基础工程、砌体工程和钢筋混凝土工程。其中，基础工程可进一步细分为地基处理、桩基工程、砖石基础和混凝土基础；砌体工程可再细分为砖石墙、轻质隔墙和混凝土墙等；钢筋混凝土工程也可再细分为现浇混凝土柱、预制混凝土柱等。在设备安装工程方面，可以以给排水工程为例划分为给水系统设备、给水系统管道阀门、污废水系统设备、污废水系统管道和阀门等

注：1. 在方案设计阶段，项目划分是分部工程的扩大综合，因此统称为扩大分部工程。
　　2. 在初步设计阶段，项目划分是分项工程的扩大综合，因此统称为扩大分项工程。

2.4.4　多层级的工程总承包项目清单示例

　　根据多层级工程总承包项目清单的论述，并结合中国建设工程造价管理协会关于《建设工程总承包计价规范》等 4 项团体标准公开征求意见的通知进行应用示例。

　　首先，4 项团体标准，其中三项是总承包工程量计算规范，分别为《房屋工程总承包工程量计算规范》《市政工程总承包工程量计算规范》《城市轨道交通工程总承包工程量计算规范》，这实际体现了横向的层级设置。

　　其次，《房屋工程总承包工程量计算规范》（征求意见稿）对房屋类型进行了分类，如表 2-9 所示，这是更加微观的横向层级设置。

表 2-9   房屋类型的分类

项目编码	项目名称		项目编码	项目名称	
A01	居住建筑	多层	A28	文化建筑	公共图书馆
A02		小高层	A29		纪念馆
A03		高层	A30		档案馆
A04		超高层	A31		博物馆
A05		独栋别墅	A32		科技馆
A06		其他别墅	A33		文化宫
A07		其他	A34		展览馆
A08	办公建筑	商务写字楼	A35		游乐园
A09		办公楼	A36		宗教寺院
A10		其他	A37		剧场
A11	酒店建筑	旅馆	A38		影剧院
A12		酒店（三星）	A39		其他
A13		酒店（四星）	A40	教育建筑	幼儿园、托儿所
A14		酒店（五星）	A41		教学楼
A15		酒店（超五星）	A42		学校图书馆
A16		其他	A43		实验楼
A17	商业建筑	农贸市场	A44		教育辅助用房
A18		专业商店	A45		展览馆
A19		商业综合体	A46		学生宿舍（公寓）
A20		会展中心	A47		学生食堂
A21		其他	A48		学校体育馆
A22	居民服务建筑	社区服务用房	A49		其他
A23		消防站	A50	体育建筑	公共体育馆
A24		养老院	A51		体育场
A25		福利院	A52		游泳馆（场）
A26		殡仪馆	A53		跳水馆（场）
A27		其他	A54		其他

续表

项目编码	项目名称		项目编码	项目名称	
A55	卫生建筑	门诊大楼（急救中心）	A76	交通建筑	城市轨道交通车辆基地
A56		实验楼	A77		其他
A57		医技楼	A78	司法建筑	法院
A58		保健站	A79		检察院
A59		卫生所	A80		监狱
A60		住院楼	A81		看守所、拘留所
A61		其他	A82		公安派出所
A62	交通建筑	公交站台	A83		戒毒所
A63		加油站	A84		其他
A64		停车楼	A85	广播电影电视建筑	广电综合大楼
A65		汽车客运楼	A86		广播发射台（站）
A66		汽车站房	A87		地球站
A67		高速公路服务区用房	A88		监测台（站）
A68		铁路客运楼	A89		综合发射塔
A69		铁路站房	A90		其他
A70		港口码头建筑	A91	工业建筑	单层厂房
A71		机场航站楼	A92		多层厂房
A72		机场指挥塔	A93		仓库（冷藏库）
A73		机场运营控制中心	A94		辅助附属设施
A74		综合交通枢纽	A95		其他
A75		城市轨道交通运营控制中心			

注：1. 本规范中房屋建筑类型分类参考国家现行规范《建设工程分类标准》GB/T50841 并结合实际情况进行编列，在规范执行中如遇缺项，发包人可根据项目实际情况进行补充，编码顺排。

2. 集合多种功能的复合建筑按相应建筑类型中的"其他"执行。

3. 工业建筑辅助附属设施包含变电站、集中供热房、锅炉房、制冷站、分布式能源站等。

4. 学校、医疗等公共建筑中的行政办公用房按编号 A09 办公楼执行。

最后,《房屋工程总承包工程量计算规范》(征求意见稿)有两个附录:附录1(方案设计后项目清单)和附录2(初步设计后项目清单)。这样的设置体现了发包阶段性的多层级对应,实现了纵向的层级设置。

2.4.4.1 方案设计后项目清单

方案设计后项目清单,如表 2-10 所示。

表 2-10   方案设计后项目清单表

项目编码	项目名称	计量单位	计量规则	工程内容
A××10	竖向土石方工程	m³	按设计图示尺寸以体积计算	包括平整场地、竖向土石方开挖、竖向土石方回填相应工程内容
A××20	土建工程	m²	按建筑面积计算	包括基础土石方工程、地基处理、基坑支护及降排水工程、地下室防护工程、桩基工程、砌筑工程、钢筋混凝土工程、装配式混凝土工程、钢结构工程、木结构工程和屋面工程相应内容
A××21	地下部分土建	m²	按地下部分建筑面积计算	
A××22	地上部分土建(带基础)	m²	按地上部分建筑面积计算	
A××23	地上部分土建(不带基础)	m²		
A××30	装饰工程	m²	按建筑面积计算	包括外墙装饰工程,室内装饰工程相应内容
A××31	建筑外墙装饰工程	m²	按设计图示尺寸以建筑外立面面积计算	包括外墙装饰工程相应内容
A××32	地下部分室内装饰工程	m²	按地下部分建筑面积计算	包括室内装饰工程相应内容
A××33	地上部分室内装饰工程	m²	按地上部分建筑面积计算	
A××40	机电安装工程	m²	按设计图示尺寸以建筑面积计算	包括下列各项机电安装工程内容

项目 编码	项目名称	计量 单位	计量规则	工程内容
A××41	给排水工程	m²		包括给水系统、污水系统、废水系统、雨水系统、中水系统、供热系统、抗震支架相应内容
A××42	消防工程	m²		包括各类灭火系统、火灾自动报警系统、消防应急广播系统、各类监控系统、智能疏散及应急照明系统、抗震支架等相应内容
A××43	通风与空调工程	m²		包括各类空调系统、通风系统、防排烟系统、采暖系统、冷却循环水系统、抗震支架等相应内容
A××44	电气工程	m²	按设计图示尺寸以建筑面积计算	包括各类配电系统、监控系统、防雷接地系统、光彩照明系统、抗震支架等相应内容
A××45	建筑智能化工程	m²		包括智能化集成系统、信息设施系统、综合布线系统、各类通信系统、各类电视广播系统、会议系统、信息引导系统、信息发布系统、大屏幕显示系统、时钟系统、工作业务应用系统、物业运营管理系统、公共服务管理系统、公众信息服务系统、智能卡应用系统、信息网络安全管理系统、设备管理系统—热力管理系统、设备管理系统、入侵报警系统、视频安防监控系统、出入口控制系统、电子巡查管理系统、访客对讲系统、停车库（场）管理系统、机房环境监控系统、抗震支架等相应内容
A××46	电梯工程	部	按设计图示以部计算	包括直梯、自动扶梯、自动步行道、轮椅升降台等相应内容
A××50	总图工程	m²	按建设用地面积减去建筑基底面积计算	包括用地红线范围内的绿化工程、道路铺装、建筑附属构件、景观小品、总图安装及总图其他工程相应内容

续表

项目编码	项目名称	计量单位	计量规则	工程内容
A××51	绿化工程	m²	按设计图示尺寸以绿化面积计算	包括绿地整理、种植土回填、栽植花木植被、绿地维护等相应内容
A××52	道路铺装	m²	按设计图示尺寸以道路与铺装面积计算	包括园区道路、铺装等相应内容
A××53	建筑附属构件	m²	按建筑基底面积计算	包括散水、排水沟、台阶、坡道等相应内容
A××54	景观小品	m²	按建设用地面积减去建筑基底面积计算	包括水池、驳岸、护岸、喷泉、堆塑假山、亭廊、花架、园林桌椅等相应内容
A××55	总图安装工程	m²		包括总图给排水工程、总图电气工程、总图消防工程等相应内容
A××56	总图其他工程	m²		包括大门、围墙、标识标牌等其他总图工程相应内容
A××60	专项工程	m²	按专项工程服务面积计算	包括医疗专项、体育专项、演艺专项、交通专项及其他专项工程相应内容
A××61	医疗专项工程	m²		包括净化工程、智能化集成系统、物流传输、医疗气体、污水处理、实验室、电子辐射工程等相应内容
A××62	体育专项工程	m²		包括各类场馆工艺安装工程、智能化集成等相应内容
A××63	演艺专项工程	m²		包括各类场馆工艺安装工程、智能化集成等相应内容
A××64	交通专项工程	m²		包括交通智能化、行李、安检、登机桥等相应内容
A××65	人防工程	m²		包括人防门、人防封堵和人防安装等相应内容
A××66	其他专项工程	m²		除上述工程以外的其他专项工程相应内容

项目编码	项目名称	计量单位	计量规则	工程内容
A××70	措施项目	项	根据政策要求确定	包括安全文明施工费、冬雨季施工、脚手架工程、垂直运输、超高施工增加、大型机械进出场及安拆、其他措施项目等相应内容
A××80	外部配套	项		包括市政供水引入、市政供电引入、市政燃气引入、市政通信网络电视引入、市政热力引入、市政排水引出、外部道路引入等相应内容
A××81	外部道路引入工程	项		包括从红线外接口至红线内接口之间的道路施工、成品保护、竣工前保修维护等相应内容
A××82	市政供水引入工程	项	根据项目需求按项计算	包括从市政接驳口至红线内水表总表之间管线、阀门、水表、套管、支架及附件安装制安，挖、填、运、弃、夯实土石方，管线通道、检查井、阀门井等构筑物制安，基础制安，刷油、防腐、绝热，管路试压、消毒及冲洗，成品保护等相应内容
A××83	市政供电引入工程	项		包括从市政环网柜至红线内高压开关柜进线端之间的柜箱、线缆、桥架、管道、套管及附件安装（敷设），挖、填、运、弃、夯实土石方，线缆通道、检查井、手孔井等构筑物制安，基础制安，刷油、防腐、绝热，系统调试、接地，成品保护等相应内容
A××84	市政燃气引入工程	项	根据项目需求按项计算	包括从市政气源管至末端用气点位的管线、阀门、调压站、套管、支架及附件安装，挖、填、运、弃、夯实土石方，管线通道、检查井、阀门井等构筑物制安，基础制安，刷油、防腐、绝热，试压、吹扫，成品保护等相应内容

续表

项目编码	项目名称	计量单位	计量规则	工程内容
A××85	市政通信网络电视引入工程	项	根据项目需求按项计算	包括从市政接驳点至机房、机房至各单体通信单元套管制安、检查井制安，挖、填、运弃、夯实土石方，接线箱、单体通信单元接线箱至用户第一衔接点的线缆、桥架、管道、通道、通信设备（含机房）及附件安装，光纤的布放及熔纤，建立公用通信网、设备需要的电源管线及插座，光纤入网形式（光纤到楼／光纤到路／光纤到户），线缆、桥架等材料及附件安装，刷油、防腐、绝热、线路测试、系统调试、成品保护等相应内容
A××86	市政热力引入工程	项		包括从市政接驳口至红线内总热量表之间的管线、阀门、表计、套管、支架及附件安装，挖、填、运、弃、夯实土石方，管线通道、检查井、阀门井等构筑物制安，基础制安，刷油、防腐、绝热，管路试压、消毒及冲洗，成品保护等相应内容
A××87	市政排水引出工程	项		包括从红线内排水点至市政排水接驳井之间管线、套管、支架及附件安装，挖、填、运、弃、夯实土石方，管线通道、检查井等构筑物制安，基础制安，刷油、防腐、绝热，管路灌水、管路密闭实验等，成品保护等相应内容

注：1. 竖向土石方、总图工程及外部配套工程无法按表 2-9 划分到各单项工程时，前三位编码可采用 A00 进行编码。

2. 外部配套是指为满足建筑投入使用所必需的外部给排水、电气、通信、燃气工程的引入工程。

3. 末位为"0"的三级编码可包含其余首位编码相同的清单项目，如"20 土建工程"可包含整个单项工程的土建工程。

4. 改造工程涉及拆除的，拆除工程包含在相应单位工程中。

5. 外部配套工程与室外安装工程的划分界限。

供水：从市政用水点至红线内水表井（不含水表井）总水表（含）之间的管线、阀门、附件、构筑物等属于市政供水引入工程；

排水：从市政雨污水接驳井至市政雨污水处理构筑物之间的管线、阀门、附件、构筑物等属于市政排水引入工程；

电气：从市政环网柜至红线内高压开关柜进线端之间的柜箱、线缆、红线外通道、构筑物等属于市政供电引入工程；

燃气：从市政气源管至末端用气点位的管线、阀门、附件、构筑物等属于市政燃气引入工程；

通信：从市政接驳点至用户接驳点之间的线缆、设施设备、红线外通道等属于市政通信网络电视引入工程；

热力：从市政供热源至换热站或热用户之间的输送管道、阀门、表计、附件等属于热力引入工程。

2.4.4.2　初步设计后项目清单

初步设计后项目清单（部分摘选）见表 2-11 至表 2-15。其中，表 2-10 中的"竖向土石方工程"在表 2-11 中细化为平整场地、竖向土石方开挖、竖向土石方回填 3 个项目清单，体现了更微观的纵向层级设置。

表 2-11　竖向土石方工程

项目编码	项目名称	计量单位	计量规则	工程内容
A××10××0101	平整场地	m²	按建筑物首层建筑面积计算	包括厚度≤±300mm 的开挖、回填、运输、找平
A××10××0102	竖向土石方开挖	m³	按设计图示尺寸以体积计算	包括竖向土石方（含障碍物）开挖、运输、余方处置
A××10××0103	竖向土石方回填	m³	按设计图示尺寸以体积计算	包括取土、运输、回填、压实

注：1. 建筑物场地厚度≤±300mm 的挖、填、运、找平，应按本表中平整场地项目编码列项。

2. 竖向土石方开挖包括建筑物场地厚度>±300mm 的竖向布置挖土、石及淤泥等，山坡切土、石及淤泥、石方爆破等，竖向土石方回填包括土方运输、余方处置等。

表 2-10 中的"地下部分土建"在表 2-12 中细化为基础土石方工程的 3 个项目清单，表 2-13 至表 2-15 体现了更微观的纵向层级设置。

表 2-12　基础土石方工程

项目编码	项目名称	计量单位	计量规则	工程内容
A××2×××0201	基础土石方开挖	m³	按设计图示尺寸以基础垫层水平投影面积乘以基础开挖深度计算	包括基底钎探、地下室大开挖、基坑、沟槽土石方开挖、运输、余方处置
A××2×××0202	基础土石方回填	m³	按挖方清单项目工程量减去埋设的地下室及基础体积计算	包括基坑、沟槽土石方回填、顶板回填、取土、运输
A××2×××0203	房心回填	m³	按设计图示尺寸以体积计算	包括房心土石方取土、运输、回填

表 2-13　地基处理、基坑支护及降排水工程

项目编码	项目名称	计量单位	计量规则	工程内容
A××2×××0301	地基处理	m²	1. 以地基处理面积计算 2. 以基础底面积计算	包括提高地基承载力，保证地基稳定而采取的处理措施
A××2×××0302	基坑（边坡）支护	m²	按设计图示尺寸以基础垫层外周长乘以基坑开挖深度计算	包括用于地下结构施工及基坑周边环境安全的全部支挡、加固及保护措施内容
A××2×××0303	降、排水工程	项	按项计算	包括施工场地的降水、排水

表 2-14　地下室防护工程

项目编码	项目名称	计量单位	计量规则	工程内容
A××2×××0401	地下室底板防护	m²	按设计图示尺寸以底板水平投影面积计算	包括找平、保护、保温、隔热、防水与密封、表面处理、打样、成品保护
A××2×××0402	地下室侧墙防护	m²	按设计图示尺寸以侧墙外侧面积计算	
A××2×××0403	地下室顶板防护	m²	按设计图示尺寸以顶板水平投影面积计算	

注：1. 地下室底板防护指地下室垫层顶标高以上、结构底板顶标高及以下（包括：基础、集水井、排水沟、电梯基坑等部位）的全部工作，包括但不限于找平、防水、防水搭接及附加、保护层等。

2. 地下室侧墙防护指地下室侧墙以外至回填土以内的全部工作，包括但不限于找平、防水、防水搭接及附加、保护层等。

3. 地下室顶板防护指地下室顶板结构顶标高以上至刚性层的全部工作，包括但不限于找平防水、防水搭接及附加、保温、找坡、保护层等。

表 2-15　桩基工程

项目编码	项目名称	计量单位	计量规则	工程内容
A××2×××0501	预制钢筋混凝土桩	1. m 2. m³	1. 按设计图示尺寸以桩长（包括桩尖）计算 2. 按设计图示桩身截面积乘以桩长（包括桩尖）计算	包括工作平台搭拆、桩机竖拆、移位、沉桩、接桩、送桩、桩尖制安、填充、刷防护材料、截桩
A××2×××0502	钢管桩	t	按设计图示尺寸以质量计算	包括工作平台搭拆、桩机竖拆、移位、沉桩、接桩、送桩、管内取土、填充、刷防护材料、截桩

续表

项目编码	项目名称	计量单位	计量规则	工程内容
A××2×××0503	灌注桩	1. m 2. m³	1. 按设计图示尺寸以桩长（包括桩尖）计算 2. 按设计图示桩身截面积乘以桩长（包括桩尖）计算	包括成孔、扩孔、固壁、钢护筒、桩机竖拆及移位、钢筋、混凝土、灌注、振捣、养护、桩尖制安、运输、压浆、截桩、泥浆池建造及拆除、场地恢复、余方（土石方、泥浆及建渣）外运

以此类推，初步设计后项目清单就是在方案设计后项目清单的基础上从扩大分部工程到扩大分项工程的纵向层级细化。这里不再赘述。

2.5　多层级的工程总承包价格清单

　　在施工图设计完成后的招标中，工程总承包费用的构成更加广泛，除建筑安装工程费用外，还包含其他费用。由于采用多阶段一并发包的方式，因此工程总承包费用的构成更接近于建设项目总投资费用，但仍需扣除建设单位相关费用，并进行其他费用的适当划分、调整或重新界定。

2.5.1　工程总承包费用项目组成

　　建设项目工程总承包费用由工程费用和工程总承包其他费组成。

2.5.1.1　工程费用

　　工程费用是指按照合同约定，由发包人支付给承包人的用于完成建设项目所需的建筑工程、安装工程和设备购置费用。《建设项目设计概算编审规程》（CECA/GC 2-2015）中的规定如下所示：

　　（1）建筑工程费主要用于建筑物、构筑物、矿山、桥涵、道路、水工等土木工程建设而发生的全部费用；

　　（2）安装工程费主要包含设备、工器具、交通运输设备、生产家具等的组装、安装，以及配套工程安装所需的全部费用；

　　（3）设备购置费指采购或自制设备以及为生产准备的达到固定资产标准的工具、器具所需支付的费用，不包括应计入建筑安装工程费用的建筑设备价值。

　　根据上述内容，工程费用包括建设项目总投资中的三项费用，即建筑工程费、安装工程费和设备购置费。

2.5.1.2　工程总承包其他费

工程总承包其他费是指发包人依据合同约定,将应当分摊计入相关项目的各项费用支付给承包人,属于建设项目总投资中的工程建设其他费用。工程总承包其他费包括建设项目总投资中工程建设其他费中的部分费用,如下所示:

(1) 勘察费:详细勘察费、施工勘察费;

(2) 设计费:初步设计费、施工图设计费、专项设计费;

(3) 工程总承包管理费;

(4) 研究试验费;

(5) 土地及占道使用补偿费;

(6) 场地准备及临时设施费;

(7) 咨询费;

(8) 检验检测及试运转费;

(9) 系统集成费;

(10) 财务费;

(11) 工程保险费;

(12) 代办服务费;

(13) 其他专项费。

勘察费是指发包人根据合同约定,将用于完成建设项目工程勘察所发生的费用支付给承包人。根据岩土工程勘察规范的规定,其主要内容包括可行性研究勘察、初步勘察、详细勘察、施工勘察。工程总承包中是否要包含勘察或者需要涉及的具体勘察项目由发承包双方在合同中进行约定。

设计费是指按照合同约定,由发包人支付给承包人用于完成工程设计的费用。按照不同专业工程对设计深度的要求,其主要包括方案设计、初步设计、施工图设计、专项设计。工程总承包中所涵盖的设计具体内容由发承包双方在合同中进行约定。

工程总承包管理费是指发包人依照合同约定支付给承包人的费用,用于在项目建设期间对工程项目的设计、采购、施工等实施全过程协调管理。

研究试验费是指根据合同约定,由发包人支付给承包人的费用,用于为建设项目提供研究或验证设计数据和资料、进行必要的研究实验以及按照设计规定在建设过程中必须进行的实验和验证所需的相关费用。

土地及占道使用补偿费是指在建设期间发包人按合同约定支付给承包人的费用，用于租用土地使用权或临时占用道路以及土地复垦、植被或道路恢复等相关费用。

场地准备及临时设施费是指发包人根据合同约定支付给承包人的费用，用于提供服务于总承包但未列入建筑安装工程费的临时水、电、路、气、讯等工程，以及临时仓库、生活设施等建筑物或构筑物的一次建造、一次拆除、维修的摊销或租赁费用，以及码头、铁路、货场等租赁费用。

咨询费是指发包人根据合同约定支付给承包人的费用，用于提供建设项目所必需的工程技术经济咨询、造价咨询、法律咨询以及工程审计等服务。

检验检测及试运转费是指发包人根据合同约定支付给承包人的费用，用于工程检测、设备检验、联合试车、联合试运转、试运行及其他检验检测所需的开支，这些费用不计入建筑安装工程费。

系统集成费是指发包人根据合同约定支付给承包人的费用，用于采用多种集成技术，包括结构化的综合布线系统、功能集成、网络集成、软件界面集成等，将各个独立设备、功能和信息数据等统一集成到相互关联、统筹协调、实际应用的系统中。

财务费是指项目建设期间发包人根据合同约定支付给承包人的费用，用于提供投标担保、履约担保、预付款担保等，以及筹集资金等其他可能产生的开支。这些费用不计入建筑安装工程费。

工程保险费是指项目建设期间发包人根据合同约定支付给承包人的费用，用于为建筑工程、安装工程、机械设备和人身安全进行投保。其中包括建设工程设计责任险、建筑工程一切险、安装工程一切险等，但不包括施工企业的人员、财产、车辆保险费，这部分费用已经列入建筑安装工程费中。

代办服务费是指发包人在项目建设期间按合同约定支付给承包人的费用，用于代办工程报建报批以及与建设、规划、供电、水务、消防、城管等部门相关的技术与审批工作。

其他专项费是指在项目建设期内发包人根据合同约定支付给承包人的费

用，用于本工程所涉及的专利及专有技术使用、引进技术和引进设备其他费、测绘、苗木迁移等。

其他专项费是在工程建设其他费（二类费用）中选择的，在工程总承包中应予发生或者有可能发生的各项费用。发包人应当按照工程总承包项目的发包范围，对工程总承包其他费用进行提高或者降低，上述未列出的费用可在"其他专项费"中增加。

较之施工发承包仅包含建筑安装工程费用，工程总承包包含除建筑安装工程费之外的更多其他费用。确定工程总承包费用项目组成就是为了在工程建设项目总投资费用中明确适用于工程总承包的各项费用，以实现对工程总承包计价范围的合理划分。

目前我国不同的专业工程归属于不同的行政部门，但对建设项目总投资的费用项目组成，在不同的专业工程投资估算、设计概算的编制办法中均有规定，虽然由于专业工程的特点而不完全一致，但也大同小异。另外，鉴于国家财政发布的《基本建设项目建设成本管理规定》（财建〔2016〕504 号）是针对各种专业工程投资成本的管理规定，对建设单位来说是项目投资成本，相反对承包单位来说则是营业收入。因此，以此为依据选定的工程总承包费用项目，参照了其他部委的相关规定，剔除了完全由建设单位使用的相关费用，并且合理进行费用的界定、调整或重新定义。

工程总承包费用项目可以分为三类：（1）必然要发生的，并应当全部列入工程总承包费用的项目。例如，建筑工程费、设备购置费、安装工程费；（2）必然要发生的，但列入工程总承包的费用是在变化的，需要按照发承包范围来确定。例如勘察费、设计费、总承包管理费等；（3）可能会发生的，也可能不会发生的，应当按照发包范围判断是否计入工程总承包的费用项目。例如研究试验费、土地及占道使用补偿费等。

发包人应根据专业工程的特点和投资估算、设计概算的规定以及工程总承包项目的发包范围，从建设项目总投资的工程建设其他费中选定适用于工程总承包的其他费用项目。如发包人将建设项目的报建报批等其他服务工作列入发包范围，将代办服务费纳入工程总承包其他费。

2.5.2 价格清单及多层级价格清单的概念

《建设工程工程量清单计价规范》（GB 50500-2013）的术语中有"招标工程量清单"和"已标价工程量清单"，《标准施工合同条件》和《建设工程施工合同》（示范文本）中的术语均为"已标价的工程量清单"。由于工程总承包不仅仅是建筑安装工程项目发包，且建筑安装工程的施工图设计已发包给承包人进行，因此，工程总承包的计量和价款支付已不可能按照承包人设计的施工图进行。与之相对应，本规范参照《标准设计施工总承包合同条件》和《建设项目工程总承包合同示范文本》定义了适合工程总承包的"项目清单"和"价格清单"。

价格清单是构成合同文件的组成部分，是指由承包人按照发包人要求或者发包人所提供的项目清单中规定的格式和要求填写并标明价格的项目报价明细。

多层级价格清单是指在工程总承包多层级发包的情况下，按扩大分部工程、扩大分项工程建立的相应清单计量体系，以适应在不同复杂程度、不同设计深度、不同承包方式以及不同管理需求下的工程总承包的计价需求。

2.5.3 多层级的工程总承包价格清单示例

根据多层级工程总承包价格清单的论述，并结合《中国建设工程造价管理协会关于〈建设工程总承包计价规范〉等4项团体标准公开征求意见的通知》（以下简称《通知》）进行应用示例。

首先，标底（最高投标限价）/投标报价汇总表（见表2-16），一般包含工程费用、工程总承包其他费和预备费（暂列金额）三项费用。其次是工程费用汇总表（见表2-17）、建筑工程费项目/价格清单（见表2-18）、设备购置费及安装工程费项目/价格清单（见表2-19）、工程总承包其他费项目/价格清单（见表2-20）和预备费（暂列金额）（见表2-21）。

建筑工程费项目/价格清单与方案设计后项目清单（详见2.4.4.1）或初步设计后项目清单（详见2.4.4.2）对应，体现工程总承包价格清单的多层级属性。

表 2-16　标底（最高投标限价）／投标报价汇总表

工程名称：

单位：（元）

序号	项目名称	金额
1	工程费用	
2	工程总承包其他费	
3	预备费（暂列金额）	
	合计	

表 2-17　工程费用汇总表

工程名称：

单位：（万元）

序号	项目名称	建筑工程费	设备购置费	安装工程费	合计
1					
2					
3					
合计					

表 2-18   建筑工程费项目／价格清单

工程名称：

单位：（元）

序号	项目编码	项目名称	计量单位	数量	单价	合价
	其他					
	合计					

注：承包人认为需要增加的项目，请在"其他"下面列明该项目的名称、单位、数量、单价和合价。

表 2-19   设备购置费及安装工程费项目／价格清单

工程名称：

单位：（元）

序号	编码	项目名称	技术参数规格型号	计量单位	数量	设备购置费		安装工程费	
						单价	合价	单价	合价
		合计							

表 2-20 工程总承包其他费项目／价格清单

工程名称：

单位：（元）

序号	项目名称	金额	备注
1	勘察费		
1.1	详细勘察费		
1.2	施工勘察费		
2	设计费		
2.1	初步设计费		
2.2	施工图设计费		
2.3	专项设计费		
3	工程总承包管理费		
4	研究试验费		
5	土地及占道使用补偿费		
6	场地检测及试运转费		
7	咨询费		
8	检验检测及试运转费		
9	系统集成费		
10	财务费		
11	工程保险费		
12	代办服务费		
13	其他专项费		
	合计		

注：承包人认为需要增加的有关项目，请在"其他"下面列明该项目的名称及金额。

表 2-21   预备费（暂列金额）

工程名称：

序号	项目名称	金额（元）	备注
1	基本预备费		
2	涨价预备费		
	合计		

注：1. 发包人在建设项目工程总承包发包招标时，应将预备费（暂列金额）列入工程总承包项目清单中。

2. 此表由发包人填写，投标人应将上述预备费（暂列金额）计入投标总价中。

第3章
工程总承包计价中存在的问题

工程总承包项目在估价（估算、概算、预算）阶段和发承包阶段，应纳税金的计算是工程计价的难点之一。实践中，还存在着增值税的认识偏差，加大了税金问题的解决难度。本课题尝试用简易计税的思路去简化增值税的计算，通过增值税税负率及综合税负率（在增值税基础上考虑附加税的税负率）解决工程总承包项目估算、概算和发承包阶段税金的计算问题。本章就课题的研究背景、目的和意义展开详细的阐述。

3.1 课题的研究背景

工程总承包是国际通行的建设项目组织实施方式。大力推进工程总承包，有利于提升项目可行性研究和初步设计深度，实现设计、采购、施工等各阶段工作的深度融合，提高工程建设水平；有利于发挥工程总承包企业的技术和管理优势，促进企业做优做强，推动产业转型升级，服务于"一带一路"倡议的实施。2016 年 5 月，住房城乡建设部印发了《关于进一步推进工程总承包发展的若干意见》（建市〔2016〕93 号），要求开展工程总承包试点工作，并明确了联合体投标、资质准入、工程总承包商承担的责任等问题。2017 年 2 月，国务院办公厅印发《关于促进建筑业持续健康发展的意见》（国办发〔2017〕19号），要求加快推行工程总承包，以解决国家建筑行业发展组织方式落后的问题。2019 年 12 月，住房和城乡建设部、国家发展改革委发布《房屋建筑和市政基础设施项目工程总承包管理办法》（建市规〔2019〕12 号）（以下简称《管理办法》），标志着房屋建筑和市政基础设施项目工程领域的工程总承包正式纳入法制化正轨，建筑业改革进一步深化。

在工程总承包模式高速发展的同时，工程计价问题也随之呈现出来。《管理办法》第十六条提出，建设单位和工程总承包单位可以在合同中约定工程总承包计量规则和计价方法。然而施工总承包模式下工程造价计价方法已然不适用于工程总承包模式。工程总承包项目在估价（估算、概算、预算）阶段和发承包阶段，应纳税金的计算就是工程计价的难点之一，是发承包双方都关注的问题。实践中，还存在着增值税的认识偏差，这加大了税金问题的解决难度。

3.1.1 附加税

住房和城乡建设部标准定额研究所《关于印发研究落实"营改增"具体措

施研讨会会议纪要的通知》（建标造〔2016〕49 号），要求全国各省均将工程造价中的附加税计入了管理费中。

3.1.2　将销项税额简单理解为替代原营业税税额

很多造价类教材中这样定义："建筑安装工程费用中的税金就是增值税""采用一般计税方法时增值税的计算公式为：增值税＝税前造价 ×9%"。这就将销项增值税率混同于增值税实际税负率，缺少了扣除当期进项税这一关键步骤。销项税额远大于营业税额，将销项税额直接替代应纳增值税进入工程造价，加大了项目投资的税负，对发包人是不公平的，也违背了"营改增"不重复计税、不增加税负的初衷。

3.1.3　对 11%→10%→9% 增值税率变化的错误认识

建筑服务增值税率由 11% 降为 10%，又降为现行的 9%。不少业主认为应纳增值税降了两个百分点，则施工企业的报价就应该直接降两个百分点。其实不然，因为影响建筑服务进项税抵扣的其他税率也相应降低了，如原材料钢材的增值税率就从 17% 降为 13%。销项端和进项端均有降低，增值税的实际税负率是否降低，需要区分不同专业工程、不同结构类型项目进项测算。

实践中，对建筑服务增值税的理解存在着不同的认识。

"营改增"后，计价规则调整应遵循如下基本标准：

（1）是否满足工程建设不同阶段的计价需要，为投资估算、设计概算、施工图预算、工程结算等的编制和评审提供依据。

（2）是否适应建筑市场、建材市场的交易习惯。有利于企业自主报价、竞争形成价格，为评标、定标工作提供可行的技术支撑。

（3）是否符合合同约定、依法结算的法律规定。有利于简化计价程序，为发承包双方签约、履约，减少或避免争议，提供公平的计价规则。

（4）是否遵循简明适用的计算依据编制原则。在满足上述标准的前提下，应选择工程计价规则变动最小、计价依据编制简便、工程计价可操作性强的方法。

本课题的研究就是在对增值税认识误区纠偏的基础上解决工程总承包项目

在估算、概算和发承包阶段增值税应纳税额的计算问题，使工程总承包项目的工程造价确定可行、合理、简便，应纳税金在工程总承包合同价格中的处理具有可操作性。

3.2　存在的问题

3.2.1　造价税费并不等同于财会税费的缴费

在实际工作中，纳税人申报、缴纳增值税，是以企业为对象，而非以建设项目为对象。企业是以所有建设项目的汇总销项税额和汇总进项税额的差额申报缴纳增值税。企业的应纳税额的计算与工程造价税费的确定是否能够完全对等？估算、概算和发承包阶段人为地模拟除税，如何吻合不同企业的实际纳税情况？实际上，工程造价的税费确定与税务机关对纳税人征收增值税是同一个概念在不同层面和不同主体的不同实现，尤其是在工程总承包项目的估算、概算和发承包阶段。

在增值税下，项目承揽有相同的销项税税率，却有不同的进项税抵扣。进项税有没有抵扣以及抵扣多少与企业所处的产业链位置、企业规模的大小和企业经营模式有关，甚至与整个社会增值税抵扣环节是否健全有关。诸多宏微观、内外部因素决定了项目能否取得足够的进项税抵扣凭证。每个企业承揽项目的进项税抵扣是不尽相同的。进项税额的差别，导致实际的应纳增值税也不同。这如何在工程造价确定中予以解释和解决？

建设项目实际缴纳增值税的数额，还与项目的财务管理、材料成本管理、进货渠道管理等综合管理能力和管理水平密切相关，这将对承包商必须将税金纳入成本核算的意识产生巨大影响，也导致每个项目由不同企业或不同项目经理来做，应纳增值税会千差万别。此外，造价的税费计算与纳税实际的长期性、滞后性无法完全对应。

此处，课题组将引入"税负率"的概念，从"税负率"的角度进一步分析。税负率是指纳税义务人当期应纳税费占当期应税销售收入的比例。在营业税下，工程造价中应纳营业税的税率与税负率一致，均为3%；在增值税下，针对简易计税的一般纳税人和小规模纳税人，工程造价中应纳增值税的税率等于税负率，均为3%。但在一般纳税人销项税税率为9%的情况下，应纳增值税的税率就不一定等于3%了。因为在销项税额已确定的情况下，实际税负多少，取决于抵扣进项税额的多少，抵扣得多，税负率就低，反之，税负率就高。当全部进项按规定取得增值税专用发票时，税负率应该在3%左右；若无法全部取得进项税发票，则税负率会大于3%。所以，实践中，销项税税率为9%的应纳增值税的税率往往不等于3%。

增值税的缴纳遵循"多增多缴，少增少缴，不增不缴"的市场化机理机制。准予抵扣非应予抵扣，市场成交价非单方抵扣价，先价后税而非先税后价。工程造价的应纳增值税计算，将讨论焦点集中在进项税的除税计算中，容易造成操作上的混淆。将造价的确定等同于缴税计算，将简单问题复杂化，且对实质性的"增值税税负率"测算（与3%比较，是降低了还是增加了）反而有所忽略。

3.2.2 无法在估算、概算和发承包阶段准确除税

增值税的税改施行在建设项目施工发承包阶段造价确定的实践中，基本能够解决招标控制价、投标报价和工程结算的编审。工程造价的计算公式为：工程造价＝税前不含税工程造价＋销项税额＋附加税。但计算公式实际上只解决了建筑安装工程造价的销项税额的计算问题。税前不含税工程造价中除去了多少进项税额？实际的应纳增值税是多少？这些问题却并未得到解答。此外，施工发承包阶段工程造价涉及材料、设备的除（进项）税，税前不含税工程造价的确定相对可行。

要计算出应纳增值税，就需要分别计算出销项税额和进项税额。然而，工程总承包模式下，估算、概算和发承包阶段除去材料、设备、管理费等包含的进项税具有一定的难度，也是当前计价的痛点。在工程总承包模式下，涉及勘察、设计、施工多个阶段，在工程总承包项目估概算和发承包时，施工图是没有的。没有施工图，就无法明确工程量，也就无法准确地确定材料、设备的种类及数量，也就无法除税。除了工程费用中的材料、设备要除税，工程总承包

其他费用中的勘察设计费、工程总承包管理费、咨询费等费用的除税涉及的税目、税率复杂多样，除税的复杂性和多样性凸显。因此，工程总承包模式下，由于无法准确得知进项税额，应纳增值税也就不能准确计算，进而也就无法计算出附加税额。

对于采用工程总承包的项目，实践中往往采用模拟清单、费率下浮的方式进行招标发包，无法形成真正意义上的总价合同（或者表达为税前不含税工程造价），不利于发包人控制项目投资，不利于承包人优化施工设计，制约了工程总承包的推行；也无法采用"工程造价＝税前不含税工程造价＋销项税额＋附加税"的公式确定销项税额和附加税，也就无法确定合同价。

3.2.3 实行"价税分离"的计价规则仍需斟酌

"营改增"后，实行"价税分离"的计价规则仍需斟酌。营业税为价内税，增值税为价外税，是从两税的属性来区分的，并不意味着工程造价在表现形式上必须是"价税分离"，从财税〔2016〕36 号文件给出的"纳税人采用销售额和销项税额合并定价方法"的销售额计算公式来看，商品价格是可以"价税合一"的。

税务部门在征收增值税时，必然会在销售额中先除税再计税。纳税人采用销售额和销项税额合并定价方法的，按照"销售额＝含税销售额 ÷（1＋税率）"计算当期销售额和增值税，例如，承包人向发包人开具工程款为 1000 万元的增值税专用发票，则：

销售额＝当期含税销售额 ÷（1＋适用税率）

$$= 1000 \text{ 万元} \div 1.09$$

$$\approx 917.43 \text{ 万元}$$

当期销项税额＝当期销售额 × 适用税率

$$= 917.43 \text{ 万元} \times 9\%$$

$$\approx 82.57 \text{ 万元}$$

上述计算说明两个问题：其一，产品的定价方法和内容可以包括增值税额，并没有规定必须"价税分离"才能定价；其二，不管是"价税分离"还是"价税合一"定价，纳税时一定会按照增值税专用发票除税再计税。所以，定价时的"价税合一"不能与纳税时的"价税分离"混淆。

需要注意的是，增值税在不同的语境下是变化的，例如，承包人在开给发包人的工程款发票上的增值税对承包人来说是销项税额，但对发包人来讲却是进项税额；承包人购买原材料取得的专用发票上的增值税对承包人来讲是进项税款，可以抵扣。

增值税的计算是与商品价格紧密相关的，且随成交价格的变化而变化，即"税随价走"。如果实行"价税分离"，若不含税的商品价格发生变化，分离的增值税是否变化就成了问题，容易引起理解上的混乱。

增值税是针对企业征收，抵扣的进项税额是"从销售方取得的增值税专用发票上注明的增值税额"。税务机关不可能采用先除税的公式来计算承包人应缴纳增值税额。

在工程计价依据的编制中，经常采用"细算粗编"，用制定费率的方法处理问题，例如，《中华人民共和国社会保险法》规定缴纳的"五险"以及住房公积金就采用了综合费率这一方式制定规费费率，与按企业工资总额一定比例计提的规定不同。

实际情况中也对一些不好处理的问题采用综合考虑这一思路，例如，对企管费中进项税额的处理，就提出按"可抵扣进项业务占管理费的比例"；对附加税费又提出"应包括在工程造价企业管理费内容中"。但这并未完全解决附加税如何计算的问题。一些地区的造价机构也采用了这一思路对企管费等做了规定，既然在计价依据中已采用了不少综合测算的方法，也可考虑再进一步采用税负率的方法使"营改增"后的计价变得如营业税或简易计税一样简单。

3.3　对比分析"存在的问题"

梳理业界通用的工程造价计算公式及配套的专业软件关于税金的计算。

业界通用的工程造价公式为：工程造价＝税前工程造价 × （1+9%）。其中，9% 为建筑业拟征增值税税率。业界通用的增值税公式为：增值税＝税前造价 ×9%。专业软件的税金计算如图 3-1 所示。

| 单位工程设置 | 编制/清单说明 | 分部分项工程量清单 | 措施项目清单 | 其他项目清单 | 签证索赔清单 | 工料机汇总表 | 校实计算费用表 | 费用汇总表 |

费用编号	费用名称	程序计算公式	费率	金额
A	1 分部分项及单价措施项目	分部分项合价+单价措施项目合价		
B	2 总价措施项目	总价措施项目合价		
C	3 其他项目	其他项目合价		
C.1	3.1 其中：暂列金额	暂列金额		
C.2	3.2 其中：专业工程暂估价	专业工程暂估价		
C.3	3.3 其中：计日工	计日工		
C.4	3.4 其中：总承包服务费	总承包服务费		
D	4 规费	(分部分项定额人工费+单价措施项目定额人工费)*费率	9.34%	
F	5 税前不含税工程造价	A+B+C+D		
G	6 销项增值税额	F*费率	9%	
H	7 附加税	F*费率	0.313%	
I	招标控制价/投标报价总合计=税前不含税工程造价+销项增值税额+附加税	F+G+H		

图 3-1　增值税税金计算公式下的费用汇总表（一般计税法）

"工程造价＝税前工程造价 × （1+9%）"以及将"税前造价 ×9%"计算出来的销项增值税额理解为增值税则是有待斟酌的。两个公式均未对如何计算附加税进行说明。图 3-1 中，销项增值税额（以下简称"销项税额"）和附加税的计算结果没有问题，但是，附加税的计算公式还须进一步探讨。

上述计算公式的错误，不妨通过数据对比分析进行具体的阐述。将本书第 6 章用于测算的 8 个典型工程（详见章节 6.1）做一些数据分析。将 8 个典型工程的销项税额①、税前不含税工程造价③的原始数据摘录到表 3-1 中。测算的进项税额②（具体的测算方法详见第 6 章）摘录到表 3-1 中。主要从这两个方面进行对比分析。

3.3.1 增加了发包人的投资，无故增加了承包商的收入

首先，"将销项增值税额混同于增值税额""将销项税额理解为替代原营业税税额"造成的理解偏差为：对发包人而言，增加了项目税负；对承包人而言，无故增加了收入（承包商实际还有进项抵扣）。具体增加发包人多少税负？可与营业税同一口径进行直观的对比（见表 3-1）。

在将销项税额理解为替代原营业税税额的情况下，按销项税额计算的增值税税负率为 8.26%~8.57%，会增加发包人 5.26%~5.57% 的增值税税负（与营业税 3% 相比）。按销项税额计算的综合税负率为 9.25%~9.60%，会增加发包人 5.82%~6.17% 的综合税负率（与工程在市区时营业税及附加税税率 3.43% 相比）。

其次，"将销项税额混同于增值税额"，对附加税的计算也会产生影响（见表 3-2），产生的误差较大。当某单位工程应纳增值税出现负数时，其附加税是负数（可以抵销附加税为正值的单位工程），则单项工程的附加税就非常少。但按销项税额计算的附加税以销项税额为基数，不会出现抵销的情况。最终导致误差偏大，如表 3-2 中某图书馆新馆市政工程（给排水）的计算误差。

表 3-1   8 个典型工程的数据分析

典型工程	结构或专业类型	销项税额（元）①	进项税额（元）②	税前不含税工程造价（元）③	按销项税额计算的附加税（元）（市区测算）④	按销项税额计算的增值税税负率（%）①/（②+③）	按销项税额计算的综合税负率（%）（①+④）/（②+③）
某大学 9 号住宅楼	框剪结构	2483076.83	1636632.30	27461000.52	297969.22	8.53	9.56
某小区商住楼	砖混结构	154735.82	94256.28	1710311.04	18568.30	8.57	9.60
某国际社区 2 号楼	框架结构	450882.69	284848.06	5009807.70	54105.92	8.52	9.54
某电缆厂厂房	钢结构	1033767.29	853586.36	11486303.26	124052.08	8.38	9.38
某小区商住楼	装配式（框剪结构）	3550880.96	2384543.71	36844065.00	426105.72	9.05	10.14

典型工程	结构或专业类型	销项税额（元）①	进项税额（元）②	税前不含税工程造价（元）③	按销项税额计算的附加税（元）（市区测算）④	按销项税额计算的增值税税负率（%）①/（②+③）	按销项税额计算的综合税负率（%）（①+④）/（②+③）
某立交桥	市政工程（路桥）	19513674.65	14163262.47	216818607.25	2341640.96	8.45	9.46
某创新基地道路工程	市政工程（给排水）	1448880.31	1074608.32	16058366.59	173865.64	8.46	9.47
某图书馆新馆	机电安装工程	1191344.18	1229286.37	13197619.16	142961.30	8.26	9.25

表 3-2　将销项税额混同于增值税额对附加税产生的影响分析

典型工程	结构或专业类型	按销项税额计算的附加税（元）（市区测算）①	应纳增值税的附加税（元）（市区测算）②	误差（元）③=①－②	误差（%）③/②
某大学 9 号住宅楼	框剪结构	297969.22	117022.39	180946.83	154.63
某小区商住楼	砖混结构	18568.30	8334.64	10233.66	122.78
某国际社区 2 号楼	框架结构	54105.92	23908.99	30196.93	126.30
某电缆厂厂房	钢结构	124052.08	25606.98	98445.10	384.45
某小区商住楼	装配式	426105.72	167952.56	258153.16	153.71
某立交桥	框剪结构	2341640.96	642049.46	1699591.50	264.71
某创新基地道路工程	市政工程（路桥）	173865.64	49749.07	124116.57	249.49
某图书馆新馆	市政工程（给排水）	142961.30	229.85	142731.45	62097.65

需要说明的是：实践中，发承包双方的纳税行为和进项抵税都是正确的，此处的概念混淆只是会产生理解的偏差。

3.3.2 难以明确附加税的计算

"工程造价＝税前工程造价 ×（1+ 增值税税率）"中没有包含附加税的计算。该公式改为"工程造价＝税前工程造价 ×（1+ 增值税税率）+ 增值税额 × 附加税税率"似更为合适。值得注意的是，公式的应用也是有难度的，因为增值税额无法确定。

同样，在图 3-1 中，计价软件只计算出销项税额，未计算出增值税额，对附加税的计算和理解存在同样的难题：难以实现"增值税额 × 附加税税率"的附加税计算。当前的建筑安装工程费用计算程序中，通过测算的附加税费率（如图 3-1 中的 0.313%），在税前不含税造价的基础上进行附加税计算，附加税的计算结果应该是没有太大问题的，只是计算方法与"增值税额 × 附加税税率"的附加税计算公式不吻合，即按照当前的建筑安装费的计算，只计算出销项税额，未计算出增值税额，难以实现"增值税额 × 附加税税率"的附加税计算。实践中，易造成附加税计算的理解混乱。

目前，关于附加税税额，无论是划入企业管理费还是单列（见图 3-1），都是源于目前增值税税额计算方法的复杂性（人为除税计算税前工程造价）。为了计算税前不含税工程造价，需要确定不含税材料价格。实践中，当某些材料在市场上无法查找不含税价格时，就易产生结算难办、双方扯皮的情况。

3.4　拟解决的思路

《标准设计施工总承包合同条件》和《建设项目工程总承包合同》示范文本以及 FIDIC 合同条件均规定了合同价格中包括税费。工程总承包合同价格中包含的应纳税金如何计算就是本课题拟解决的问题。

课题组拟解决的思路是用简易计税的思路简化增值税的计算。

随着"营改增"的实践不断发展，对增值税的理解也在纠偏中不断完善。如果能按规定取得增值税专用发票，建筑业税负在 3% 左右，应该与营业税相比变化不大。从这一思路出发，"营改增"后，工程计价中税金如何处理的重点是应纳增值税取代营业税（非 9% 的销项税取代营业税），并将工程造价计算公式中的税前不含税工程造价变为税前含税工程造价。"工程造价＝税前不含税工程造价＋销项税额＋附加税"的公式中用应纳增值税替换销项税额更为合理，即"工程造价＝税前含税工程造价＋应纳增值税＋附加税"。至于如何取代，课题组的思路是对不同专业工程及其不同结构的典型工程进行增值税税负率测算。

实际上，用简易计税的思路，测算出一个增值税税负率，用此税负率计算出增值税，用此增值税取代营业税，这样的思路在规费的处理上已经得到了发承包双方的认同，实践起来没有问题。承包商实际缴纳的规费与工程造价（合同价）里计算的规费并不完全对等。规费的费率就是测算出来的一个常态下的发承包双方都认可的费率。五险一金就这样在计价时简单处理了。

实际上，现行的建筑安装工程费中税金的计算方法也是一个概值，发承包双方均能接受它是一个度量。实际与预计的偏差，自有承包商通过项目成本精细化管理予以解决。

去抵扣、除税，追求与实际的纳税吻合，容易使报价茫然、结算难办、争议增加。

　　本课题就是从一般纳税人的角度，完成不同专业、不同结构形式的总发承包项目的增值税税负率测算，解决工程总承包项目估算、概算和发承包阶段的税金（增值税和附加税）计算，而总承包项目的结算按合同约定进行即可。

3.5 课题研究的主要内容

本课题共分为 6 个部分，具体包括课题研究背景、目的和意义；相关理论基础；工程总承包税金计算方法；工程总承包项目的综合税负率测算；综合税负率的参考标准及计算示例；结论及实施建议。具体的研究内容如图 3-2 所示。

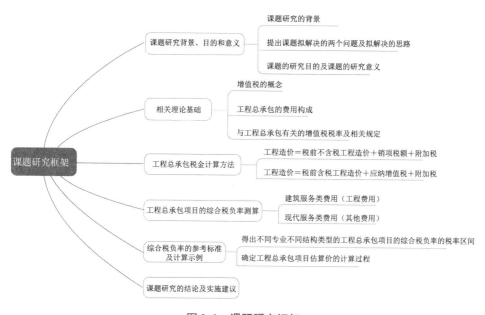

图 3-2 课题研究框架

第 1 部分：课题研究背景、目的和意义。阐述课题研究的背景，据此提出本课题拟解决的两个问题及拟解决的思路。在此基础上，清晰说明本课题的研究目的及课题的研究意义。

第 2 部分：相关理论基础。本课题研究的理论基础，包括工程总承包的费用构成、增值税的概念、与工程总承包有关的增值税税率及相关规定。这部分内容的梳理为后续研究做好理论、数据及方法的准备。

第 3 部分：工程总承包税金计算方法。此部分是本课题理论分析、观点表达、问题解决的核心部分。有两种不同的增值税计算方法对应的工程造价确定方法。一种是"工程造价＝税前不含税工程造价＋销项税额＋附加税"；另一种是"工程造价＝税前含税工程造价＋应纳增值税＋附加税"。在对两种方法进行区分的基础上，课题组选择第二种方法，也就是用简易计税的思路计算增值税。为此，引入工程总承包项目的增值税税负率及工程总承包项目的综合税负率的概念。基于综合税负率解决工程总承包税金的计算问题，给出具体的计算公式及计算思路。

第 4 部分：工程总承包项目的综合税负率测算。在第 3 部分的基础上，分别对工程总承包费用中的建筑服务类费用（工程费用）和现代服务类费用（其他费用）进行综合税负率的测算。测算的方法为典型工程数据分析及企业访谈。

第 5 部分：综合税负率的参考标准及计算示例。对测算结果进行归类分析，给出不同专业不同结构类型的工程总承包项目的综合税负率的税率区间，并演示基于综合税负率计算税金，从而最终确定工程总承包项目估算价的计算过程。

第 6 部分：课题研究的结论及实施建议。

技术路线如图 3-3 所示。

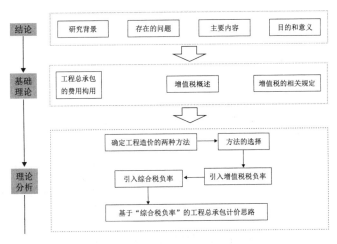

图 3-3   技术路线图

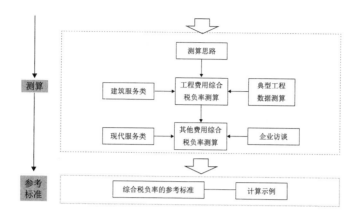

图 3-3　技术路线图（续）

3.6   课题研究的目的和意义

3.6.1   研究目的

本课题主要解决工程总承包项目估算、概算和发承包阶段税金的计算。此处的税金是指按照国家税法规定，应计入工程总承包项目工程造价内的增值税、城市维护建设税、教育费附加以及地方教育附加。

3.6.1.1   测算增值税税负率

建筑服务的增值税税负率的测算，即建筑与装饰工程费和安装工程费的增值税税负率测算，可以理解为建筑安装工程费的增值税税负率测算。

课题组曾在 2016 年"营改增"正式施行前，对施工发承包阶段的增值税税负率进行测算。经测算发现：不同的专业工程以及相同专业但不同结构类型的工程项目，增值税税负率是有差别的。在建筑业销项增值税税率为 11% 的情况下，房屋建筑工程中，砖混结构的增值税税负率为 5%，框架与框剪结构为 4.3%，钢结构为 1.8%，市政工程为 2.9%，机电安装工程为 0.6%。增值税由 11% 降至现在的 9%，建筑服务进项税率同样也有调整（如钢材从 17% 降为 13%），有必要区分工程类型再次进行增值税税负率的测算。

现代服务的增值税税负率也需要测算，即研发和技术服务（勘察费）、文化创意服务（设计费）、鉴证咨询服务（咨询费）以及其他现代服务中的各项费用的增值税税负率测算。课题组于 2016 年曾测算过勘察、设计、咨询费，在销项增值税税率为 6% 的情况下，增值税税负率实际为 5% 左右。

3.6.1.2　确定综合税负率

在增值税税负率基础上，考虑附加税的计算，确定综合税负率。在此基础上，确定工程总承包项目的应纳增值税及附加税的计算。用基于综合税负率计算出来的税额替代增值税销项税额进入工程造价，一并解决增值税和附加税的计算。

住房城乡建设部办公厅《关于做好建筑业营改增建设工程计价依据调整准备工作的通知》（建办标〔2016〕4 号）第三条规定："有关地区和部门可根据计价依据管理的实际情况，采取满足增值税下工程计价要求的其他调整方法。"因此，开展本课题的研究是十分必要的。

3.6.1.3　确定增值税及附加税的计算方法

用简易计税的思路来简化增值税的计算，应纳税金在工程总承包合同价格中的处理具有可操作性，工程总承包项目工程造价的确定可行、合理、简便，最终实现工程总承包的合理计价。

综合税负率计价除综合税负率数值与增值税征收率、营业税率不同外，材料费、机械费、企业管理费等增值税的抵扣问题已经被包含在综合税负率之中。所以，现行计价规则不变，与建设市场的交易习惯一致，适应不同阶段的计价需要，也适应不同合同方式计价的需要。

综合税负率的推行需要管理部门针对不同的专业工程、不同的结构形式测算发布综合税负率，以供编审投资估算、设计概算、施工图预算使用。承包人根据企业税负确定报价在合同中约定，大大减少了因计税引起的合同争议。

3.6.2　研究意义

工程造价计价计税，一是遵循市场交易双方认可之惯例——成交价之认定；二是应客观承认增值税下建设产品应纳税率是一个可变值（增值多纳税多，不增值不纳税），与利润、管理费相关，与企业自主经营水平和状况相关；三是应认识到工程计价与企业税务缴计或财务记账是两个不同的计算方式，工程计价重在交易双方的约定或认可（合同发生值），税务缴计或财务记账在于企业税费发生及成本核算;四是考虑由基于全额征税的营业税改为基于差额征税的增值税,实质是工程造价中的应纳税额(含各项税费)由定比积值改为动态差值的"税额调整"计算,实质是建设产品中的税额交由市场来主导(增值价格)确定,交由企业来自主(可抵扣进项税额)确定。

任何计价规则都应该按照国家相关法律法规规定的价格形成机制予以制定,即在社会主义市场经济条件下,依据《中华人民共和国民法典》和《中华人民共和国价格法》的价格形成机制制定计价规则,有利于公平竞争,有利于市场形成价格,为建筑市场各方主体提供公平、公正的交易平台。

计价规则规范的是发承包双方的计价行为,而不是规范承包人如何计算、缴纳增值税。工程造价的形成是通过业主招标、企业报价、合同约定、依约结算实现的。从业主的角度讲,只要按照合同的约定支付了承包人工程价款,承包人如何缴纳税金,是否实现收支平衡已与发包人无关。

因此,本课题的研究意义具体包括如下四个方面。

3.6.2.1 正确区分"税金"和"纳税义务"

税金承担可以约定,不违反法律的强制性规定,但纳税义务不能转移,也就是不影响税务机关认定的缴税主体和纳税责任。约定需要区分承担的到底是"税金",还是"纳税义务"? 纳税义务是向税务机关承担的,除要向税务机关依法缴纳税金外,还包括办理纳税登记、纳税申报等。

《中华人民共和国税收征收管理法实施细则》第三条规定:"任何部门、单位和个人做出的与税收法律、行政法规相抵触的决定一律无效,税务机关不得执行,并应当向上级税务机关报告。纳税人应当依照税收法律、行政法规的规定履行纳税义务;其签订的合同、协议等与税收法律、行政法规相抵触的,一律无效。"所以,纳税义务是法定的,约定是无效的。

税费承担的约定,只在合同当事人之间有效,而不会对纳税义务或征税产生任何影响。换句话说,税务机关该找谁征税还是找谁,至于税款到底是谁最终承担,并不过问。无论合同怎么约定,税务机关只需向纳税义务人征收增值税即可,至于合同约定由谁承担,是签约方之间的问题,不会对征税产生影响,也不会损害国家利益。因此,约定税费的承担主体,是有效的。

3.6.2.2 是提高工程计价税金认识的需要

我们要厘清"营改增"后工程总承包条件下的税费处理。现在存在着两个问题：一是将承包人应纳增值税的税务计算直接应用到工程估算、概算、预算、结算中，导致工程计价的复杂化；二是销项税直接对应营业税进入工程造价的错误，加重了发包人的税负。本课题将提出简便适用的税费计算方法，该方法建立在税费计算和税费缴纳二者清晰理解的基础上。

3.6.2.3 是在工程总承包不同阶段进行税费计算的客观需要

在增值税税负率基础上，考虑增值税及附加税的计算，提出综合税负率的定义，并探讨综合税负率在工程总承包项目计价中应用的适应性。通过综合税负率的引入，简化工程总承包项目的税费计算，在发承包阶段计算出增值税及附加税，能够形成真正意义的总价合同。

3.6.2.4 为工程总承包计价奠定必要的基础

探讨与工程总承包费用构成相匹配的增值税及附加税的计算方法，使工程总承包项目发承包的计价行为可行、合理、简便，为工程总承包计价奠定必要的基础。

本课题的研究也能为后续研究奠定一些基础。例如：投资估算指标、设计概算指标含税与否的讨论。在项目前期，确定工程总承包项目的造价，需要采用投资估算指标、设计概算指标。如何去测定不含税估算、概算指标？采用含税估算、概算指标虽与工程实际相符，却与目前的发承包阶段计价口径不一致，这个问题会影响工程总承包的推行。指标含税还是不含税，本课题的研究可以回答这个问题。

第4章
工程总承包计价

本章首先介绍工程总承包的费用构成、增值税的相关概念及计税方法。在此基础上，梳理与工程总承包相关的增值税税率。在工程总承包项目的实施过程中，会涉及9%、13%和6%的增值税税率以及3%的征收率。此外，还有一些特殊情况。

4.1　增值税概述

　　增值税是以商品（含应税劳务）在流转过程中产生的增值额作为计税依据而征收的一种流转税。从计税原理上说，增值税是对商品生产、流通、劳务服务中多个环节的新增价值或商品的附加值征收的一种流转税。

　　中国采用了国际上普遍采用的税款抵扣的计算方法。即根据销售商品或劳务的销售额，按规定的税率计算出销售税额，然后扣除取得该商品或劳务时所支付的增值税款，也就是进项税额，其差额就是增值部分应交的税额。

　　增值税是只对产品或服务的增值部分纳税的税种，符合经济发展规律，减少重复纳税的环节。"营改增"之前的营业税对整个营业额计征流转税，在产业链的每一个环节都要计税，存在重复纳税的问题。"营改增"政策是国家根据经济社会发展新形势，从深化改革的总体部署出发做出的重要决策，目的是加快财税体制改革，进一步减轻企业税费负担，深化供给侧结构性改革。

　　2016 年 5 月 1 日起，我国全面推行"营改增"试点，将建筑业、房地产业、金融业、生活服务业全部纳入"营改增"试点范围。至此，营业税退出历史舞台，取而代之的增值税制度将更加规范、有效、与国际市场接轨。

4.2 增值税的相关规定

4.2.1 增值税的计税方法

4.2.1.1 一般计税法

一般计税法是一般纳税人适用的增值税计算方法，即销项税额扣减进项税额的计税方法，应纳税额为当期销项税额抵扣当期进项税额后的余额，其计算公式为：

$$应纳增值税＝当期销项税额－当期进项税额 \qquad 式（4-1）$$

其中：

$$当期销项税额＝当期销售额×适用税率 \qquad 式（4-2）$$

$$当期进项税额＝当期进项额×适用税率 \qquad 式（4-3）$$

当期销项税额是指纳税人提供应税服务按照销售额和增值税税率计算的增值税额。当期进项税额是指纳税人购进货物或者接受应税劳务和应税服务，支付或者负担的增值税额。当期销项税额小于当期进项税额不足以抵扣时，其不足部分可以结转下期继续抵扣。

当期销售额不包含销项税额，当期进项额也不包含进项税额。当采用销售额和销项税额合并定价时，按照下列公式计算当期销售额和当期进项额：

$$当期销售额＝\frac{当期含税销售额}{（1+适用税率）} \qquad 式（4-4）$$

$$当期进项额 = \frac{当期含税进项额}{(1 + 适用税率)}$$ 式（4-5）

4.2.1.2 简易计税法

简易计税法是小规模纳税人适用的增值税计算方法，即小规模纳税人提供应税服务的，可按照销售额和征收率计算应纳税额，同时不得抵扣进项税额，其计算公式为：

$$应纳增值税 = 销售额 \times 征收率（3\%）$$ 式（4-6）

一般纳税人部分特定项目也可以选择简易计税方法来计算征收增值税。

4.2.2 与工程总承包有关的增值税税率

在工程总承包项目的实施过程中，会接触到复杂多样的增值税税率。要区分这些税率，需要了解其适用的税目范围，这是本课题的背景基础。

4.2.2.1 建筑服务 9% 的增值税税率

建筑服务包括各类建筑物、构筑物及其附属设施的建造、修缮、装饰，线路、管道、设备、设施等的安装以及其他工程作业的业务活动。包括工程服务、安装服务、修缮服务、装饰服务和其他建筑服务。具体的征税范围如下：

（1）工程服务：新建、改建各种建筑物、构筑物的工程作业，包括与建筑物相连的各种设备或者支柱、操作平台的安装或者装设工程作业，以及各种窑炉和金属结构工程作业。

（2）安装服务：生产设备、动力设备、起重设备、运输设备、传动设备、医疗实验设备以及其他各种设备、设施的装配、安置工程作业，包括与被安装设备相连的工作台、梯子、栏杆的装设工程作业，以及被安装设备的绝缘、防腐、保温、油漆等工程作业。固定电话、有线电视、宽带、水、电、燃气、暖气等经营者向用户收取的安装费、初装费、开户费、扩容费以及类似收费，按照安装服务缴纳增值税。

（3）修缮服务：指对建筑物、构筑物进行修补、加固、养护、改善，使之恢复原来的使用价值或者延长其使用期限的工程作业。

（4）装饰服务：指对建筑物、构筑物进行修饰装修，使之美观或者具有特定用途的工程作业。

（5）其他建筑服务：指上列工程作业之外的各种工程作业服务，如钻井（打井）、拆除建筑物或者构筑物、平整土地、园林绿化、疏浚（不包括航道疏浚）、建筑物平移、搭脚手架、爆破、矿山穿孔、表面附着物（包括岩层、土层、沙层等）剥离和清理等工程作业。

工程总承包费用构成中的工程费用适用建筑服务的税目，一般纳税人适用税率为9%。工程费用具体的税目归属及增值税税率，如表4-1所示：

表4-1　工程总承包工程费用的增值税税率

费用分类	费用名称	税目归属	增值税税率
工程费用	建筑工程费	建筑服务	9%
	设备购置费		
	安装工程费		

9%是工程总承包项目涉及的主要税率，作为一般纳税人[1]的工程总承包商都是按这个税率计税。

4.2.2.2　13%的增值税税率

当工程总承包商涉及采购货物或者有形动产租赁服务，抑或其他的一些辅助服务时，就不是9%的税率了。比如，在提供建筑服务过程中，工程总承包商会采购钢筋、加工修理修配劳务，适用的税率就是13%（见表4-2）。

表4-2　13%增值税的税目范围

税目	适用税率
销售一般货物	13%
加工、修理修配劳务	

---

[1] 一般纳税人的标准是销售额超500万元。

税目	适用税率
有形动产租赁服务	13%
进口一般货物	

4.2.2.3 现代服务适用 6% 的增值税税率

6% 增值税税率的税目范围，如表 4-3 所示。

表 4-3　6% 增值税的税目范围

税目	增值税税率
增值电信服务	6%
金融服务	
现代服务（除有形动产租赁、不动产租赁外）	
生活服务	
销售无形资产（除土地使用权外）	

表 4-2 中的现代服务是指围绕制造业、文化产业、现代物流产业等提供技术性、知识性服务的业务活动。包括研发和技术服务、信息技术服务、文化创意服务、物流辅助服务、鉴证咨询服务、广播影视服务、商务辅助服务和其他现代服务。工程总承包主要涉及研发和技术服务、文化创意服务、鉴证咨询服务和其他现代服务。

（1）研发和技术服务。包括研发服务、合同能源管理服务、工程勘察勘探服务和专业技术服务。

（2）文化创意服务。包括设计服务、知识产权服务、广告服务和会议展览服务。

（3）鉴证咨询服务。包括认证服务、鉴证服务和咨询服务。

（4）其他现代服务。指除研发和技术服务、信息技术服务、文化创意服务、物流辅助服务、租赁服务、鉴证咨询服务、广播影视服务和商务辅助服务以外的现代服务。

工程总承包费用构成中的其他费用适用现代服务的税目。其他费用具体的税目归属及增值税税率，如表 4-4 所示。

表 4-4　工程总承包其他费用的增值税税率

费用分类	费用名称	税目归属	增值税税率
其他费用	勘察费	现代服务	6%
	设计费		
	工程总承包管理费		
	研究试验费		
	临时用地及占道使用补偿费		
	场地准备及临时设施费		
	检验检测及试运转费		
	系统集成费		
	工程保险费		
	其他专项费		
	代办服务费		

综上所述，工程总承包费用中的工程费用的税目归属为建筑服务类，其他费用的税目归属为现代服务类，本书第 6 章将据此进行分类测算。

在工程总承包项目的实施过程中，会涉及 9%、13% 和 6% 的增值税税率。此外，还有一些特殊的情况。

4.2.3　特殊的情况

4.2.3.1　简易征收的情形

建筑业的一般纳税人在某些特定情况下可以适用简易征收。比如：以清包工方式提供的建筑服务，为甲供工程提供的建筑服务等，简易征收的情况，如表 4-5 所示：

表 4-5 简易征收的情形

情形	征收率	政策依据
自产建筑用和生产建筑材料所用的砂、石、石料	3%	财税〔2009〕9 号 财税〔2014〕57 号
自己挖掘的砂、石、石料或其他矿物连续生产的砖、瓦、石灰（不含黏土实心砖、瓦）	3%	财税〔2009〕9 号 财税〔2014〕57 号
自产的商品混凝土（仅限于以水泥为原料生产的水泥混凝土）	3%	财税〔2009〕9 号 财税〔2014〕57 号
以清包工方式提供的建筑服务	3%	财税〔2016〕36 号 附件 2
为甲供工程提供的建筑服务	3%	财税〔2016〕36 号 附件 2
销售自产、外购机器设备的同时提供安装服务、已分别核算机器设备和安装服务的销售额，安装服务可以按照甲供工程选择适用简易计税方法计税	3%	国家税务总局公告 2018 年第 42 号

注意：施工单位为房屋建筑的地基与基础、主体结构提供工程服务，建设单位自行采购全部或部分钢材、混凝土、砌体材料、预制构件的，只能适用简易计税方法计税。

4.2.3.2 兼营、混合销售的情形

根据《财政部、国家税务总局关于全面推开营业税改征增值税试点的通知》（财税〔2016〕36 号）规定，纳税人兼营销售货物、劳务、服务、无形资产或者不动产，适用不同税率或者征收率的，应当分别核算适用不同税率或者征收率的销售额；未分别核算的，从高适用税率。一项销售行为如果既涉及服务又涉及货物，为混合销售。以销售货物为主的，按照销售货物缴纳增值税；以销售其他为主的，按照销售服务缴纳增值税。

税法中的货物指的是有形动产，在建筑施工中包括销售设备、销售材料等，这其实也包含着非常复杂的处理方式，如销售设备并提供安装，销售的设

备可以进一步划分为自产的设备和外购的设备，分别适用不同税率。因此工程总承包销售建筑产品的行为并不是简单的一种混合销售。

对兼营、混合销售行为，增值税的征收存在不同规定。国家税务总局2017年第11号公告中规定："纳税人销售活动板房、机器设备、钢结构件等自产货物的同时提供建筑、安装服务，不属于混合销售，应分别核算货物和建筑服务的销售额，分别适用不同的税率或者征收率。"

国家税务总局2018年第42号公告中规定："一般纳税人销售自产机器设备的同时提供安装服务，应分别核算机器设备和安装服务的销售额，安装服务可以按照甲供工程选择适用简易计税方法计税。一般纳税人销售外购机器设备的同时提供安装服务，如果已经按照兼营的有关规定，分别核算机器设备和安装服务的销售额，安装服务可以按照甲供工程选择适用简易计税方法计税。"

在设备采购中，承包人是否选择专项抵扣存在着税务筹划的选择空间。如果是自产的机器设备，那么只要能够将设备价格和安装价格分离开来，安装部分就可以选择简易计税（税率3%）或一般计税（税率9%）（见图4-1）。

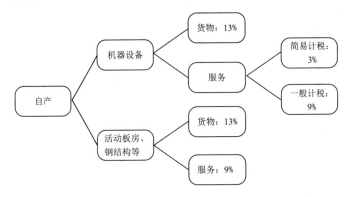

图 4-1　销售自产货物同时提供建筑安装服务的税率选择

如果是外购的机器设备，则既可按兼营也可按混合核算税费。第一种是按兼营规定，设备和安装分离开来，货物按照13%缴纳增值税，安装可以选择简易计税（税率3%）或一般计税（税率9%）。第二种是设备和安装整体打包按混合销售规定，如果主行业是设备销售，则按照13%缴纳增值税，如果主行业是建筑安装就按照9%缴纳增值税（见图4-2）。对于外购非机器设备并提供服务行为，则按混合销售考虑。

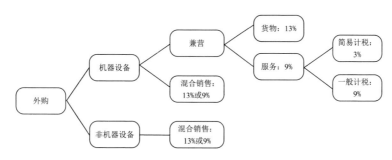

图 4-2 销售外购货物同时提供建筑安装服务的税率选择

由此看来，建筑业中涉及的税率情况非常复杂，同一项目可能具有不同的税率选择，使工程造价中税金计算变得复杂。对于工程总承包项目，如 EPC 包括了设计、采购、施工三项业务，工程总承包方的主业可能是建筑服务，也可能是设计服务，还可能是包含不同主业的企业的联合体。因此，工程总承包项目目按兼营还是按混合销售目前国内并不统一，既有根据具体项目分别核算缴纳增值税的，如设计服务适用税率为 6%，工程服务适用税率为 9% 或征收率为 3%，销售货物适用税率为 13%；未分别核算的从高适用税率。也有按混合销售行为，以建筑服务适用税率考虑。

4.2.3.3 预缴税款的情形

异地建筑服务还会涉及预缴税款，会用到 2%、3%、5% 的预征率，如表 4-6 所示：

表 4-6 预缴征收率

税目	预征率	
	一般计税	简易计税
销售建筑服务（异地、预收）	2%	3%
销售自行开发房地产（预收）	3%	3%
不动产经营租赁（异地）	3%	5%（个体户和出租户住房按照 5% 征收率减按 1.5% 计算）
销售不动产（所在地）	5%	5%

在工程总承包项目的实施过程中，很有可能会涉及上述特殊情况。虽然这不是本课题讨论的重点，但它是客观存在的。最后，课题组也会给出课题组的思考及观点。

第5章
基于"综合税负率"的工程总承包计价

　　本章对基于"税前不含税工程造价"和"税前含税工程造价"两种增值税的计算方法进行比较，最终选择用简易计税的思路计算增值税。即在引入增值税税负率和综合税负率的基础上，在工程造价计算公式中用税前含税工程造价作为增值税的计算基础。此方法可以完整地反映国家进行"营改增"的根本目的，体现"市场形成价格"的工程造价改革总思路，且吻合现在的工程实践。

　　为实现用税前含税工程造价作为增值税的计算基数，需要测算增值税税负率；在增值税税负率的基础上，考虑附加税（如城市维护建设税、教育费附加、地方教育费附加等）的计算，则需要测算综合税负率。本章将详细介绍增值税税负率和综合税负率的概念、计算原理和计算公式。

5.1 确定工程造价的两种方法

5.1.1 方法的选择

5.1.1.1 第一种方法

工程造价＝税前不含税工程造价＋销项税额＋附加税　　　　　　式（5-1）

式（5-1）是增值税在工程造价中的第一种计算方法，也是目前施工阶段发承包工程造价的计算方法。税前不含税工程造价是指扣除了增值税的税前工程造价。

产业链上的不同主体，在面对增值税时，可以有不同的具体称谓。例如，原材料的采买，对总承包商而言，拿到的增值税发票是可以抵扣的，则购买原材料的增值税就属于进项税；而对于原材料供应商而言，销售原材料的增值税属于销项税。因此，对于总承包商而言，扣除了增值税的税前工程造价可以理解为扣除了进项税额的税前工程造价。

5.1.1.2 第二种方法

在式（5-1）的基础上进行推导：

工程造价＝税前不含税工程造价＋销项税额＋附加税

　　　　＝（税前含税工程造价－进项税额）＋销项税额＋附加税

　　　　＝税前含税工程造价＋（销项税额－进项税额）＋附加税

　　　　＝税前含税工程造价＋应纳增值税＋附加税　　　　　　　式（5-2）

式（5-2）中，税前含税工程造价是指不扣除增值税的税前工程造价。对于总承包商而言，不扣除增值税的税前工程造价可以理解为不扣除进项税额的税前工程造价。

5.1.1.3　两种方法的区别

两种方法都能确定工程造价，但存在明显的区别。

（1）计算公式中一个是税前不含税工程造价，另一个是税前含税工程造价。

（2）计算公式中一个是销项税额，另一个是应纳增值税。

5.1.1.4　本课题选择的方法

在建设项目施工发承包阶段，工程造价的确定（招标控制价、投标报价和工程结算）公式为式（5-1）。通过实践，式（5-1）在施工阶段发承包的工程造价确定中的应用已非常娴熟。因此，本课题仅在工程总承包模式下，讨论两种方法的利弊。

用第一种方法确定工程总承包项目的造价存在的问题主要是：式（5-1）中的税前不含税工程造价无法确定。其原因在 3.2 中的"问题一""问题二"中已有详细阐述。

因此，课题组选择的是第二种方法，也就是用简易计税的思路计算增值税。用税前含税工程造价作为增值税的计算基数，同时测算出增值税税负率，用此税负率得出增值税。第二种方法可以完整地反映国家进行"营改增"的根本目的，体现"市场形成价格"的工程造价改革总思路，且吻合现在的工程实践。

不妨再看看英国的增值税计算方法。

5.1.2　英国承包商的增值税计算

本节通过某英国承包商在香港的工程项目报价案例来说明英国的工程造价中增值税的计算。

在此感谢西华大学优秀毕业生任柯宇先生从香港发来的案例，并一起参加了课题的探讨。课题组模糊掉项目的一些辨识度信息，仅将与本课题有关的信息进行呈现。

最开始，承包商进行了第一次报价，报价单（部分），如图 5-1 所示：

Provision of ███████████████ for contract duration:	████████
Accommodation, travel, and subsistence for all days out of UK ██████	████████
Any additional travel expenses outside of normal daily duties at the processing facility to be agreed in advance.	
Total based on █days familiarisation before travel and █months out of UK	£43,600
Total including UK VAT at 20%	**£52,320**
Advance payment to secure services at the time requested inclusive of VAT	£5,232
Payment on deployment to ████████ inclusive of VAT	£5,232

图 5-1　承包商的第一次报价

当英国承包商了解到香港没有增值税，承包商不需要为承揽项目缴纳增值税时，随即回复了一封邮件（见图 5-2），并重新进行了报价（见图 5-3）。

Hi ████

Further to my Tender email. I am advised by my accountant that if I bill directly to Hong Kong and payment comes from Hong Kong then UK VAT is not applicable. This may make things simpler from an accounting point for ████

Regards

████

图 5-2　关于增值税的邮件回复

Provision of ████████████ for contract duration:	████████
Accommodation, travel, and subsistence for all days out of UK ██████	████████
Any additional travel expenses outside of normal daily duties at the processing facility to be agreed in advance.	
Total based on █days familiarisation before travel and █months out of UK	£43,600
Total including 2 x 10% advance payments noted below	**£43,600**
Advance payment to secure services at the time requested	£4,360
Payment on deployment to ████	£4,360

图 5-3　承包商的第二次报价

在解读该案例前，先了解一下英国的增值税相关规定（只是部分节选，详细的了解可参看参考文献 [19]）。当纳税人生产应税物资时，必须以 20%、5% 或 0% 的适用税率计算增值税，称为销项税额（output VAT）。承包商的增值税取决于他们提供的建筑服务以及正在建造的建筑物的性质。一般来说，承包商提供建筑服务的增值税税率为 20%，但是，承包商为住宅物业或慈善机构提供建筑服务时例外。建筑材料供应的增值税税率也为 20%。如果将这些材料的供应和安装作为建筑服务的一部分，建筑服务的承包商可以用于抵扣进项税额（input VAT）。

下面，对图 5-1 中的数据进行分析。

税前报价是 43600 英镑，含税报价是 52320 英镑，即增值税 = 52320 － 43600 = 8720（英镑）。

按 20% 计算：43600×20% = 8720（英镑）

图 5-2 中，承包商直接删除了增值税，但是报价未变，仍然是 43600 英镑。

因此，英国承包商的销项税是价外税，并且 43600 英镑应该是税前不含税工程造价。

为证实以上判断，课题组查询了英国税务与海关总署的 VAT guide。节选其中的计算方法示例的标题（详细的了解可参看参考文献 [20]），如图 5-4 所示：

31.2 Examples of methods for apportioning output tax

The examples assume that the standard rate of VAT is 20% and the VAT fraction is therefore 1/6.

31.2.1 Method 1(a) an apportionment based on the cost of both supplies
Example 1: VAT-inclusive price.

Example 2: VAT- exclusive price

31.2.2 Method 1(b) an apportionment based on the cost of one supply only

31.2.3 Method 2 an apportionment based on market values

图 5-4　VAT guide 的销项税分摊指南的标题节选

图 5-4 是关于销项税分摊的计算示例，通过标题发现，英国也有含税价和不含税价的区分，佐证引例中"43600 英镑应该是税前不含税工程造价"的判断在英国是存在的。

那么，英国工程造价的计算采用的是"5.1.1"中的第一种方法。这与英国的零售环节价税分开的税法实践有关。在英国可以很自然地计算不含税价（他们的零售环节实现了不含税价和增值税的分开标记）。

而课题组建议，总承包模式下的计价采用"5.1.1"中的第二种方法。因为，国内的商品价格通常表达为含税价格，包括信息价（对市场价的反映）一度也是含税价的表达。因此，要计算出不含税价，理论上可以，但实操会很烦琐。

两种方法均可实现工程造价的确定，计算的本质和原理是一致的。选择方法的时候应该根据国情，从简从易选取。在我国增值税的实践背景下，选择第二种方法可以简化计算，减少纠纷，在合理范围内确定税金，且能激发企业的精细化管理（财税筹划）能力。

5.2　工程总承包项目的增值税税负率

"营改增"后工程计价的增值税如何处理，不止一种路径，但应重视增值税税负率。税负率是指纳税义务人当期应纳税费占当期应税销售收入的比例。

财税〔2016〕36 号文件将增值税税负率定义为：纳税人当期提供应税服务实际缴纳的增值税额占纳税人当期提供应税服务取得的全部价款和价外费用的比例。

根据财税〔2016〕36 号文件的定义以及国家税务总局《纳税评估管理办法（试行）》（国税发〔2005〕43 号）的规定，增值税税负率的计算公式为：

$$增值税税负率 = \frac{当期应缴纳的增值税}{当期销售额} \qquad 式（5\text{-}3）$$

通过选择 5.1.1 中的第二种方法，式（5-3）中的"当期销售额"可以界定为税前含税工程造价。则：

$$增值税 = 税前含税工程造价 \times 增值税税负率 \qquad 式（5\text{-}4）$$

由于增值税税负率的引入，工程造价的计算公式由式（5-2）转变为式（5-5）：

$$
\begin{aligned}
工程造价 &= 税前含税工程造价 + 增值税 + 附加税 \\
&= 税前含税工程造价 + 税前含税工程造价 \times 增值税税负率 + 附加税 \\
&= 税前含税工程造价 \times （1 + 增值税税负率） + 附加税
\end{aligned}
$$

$$式（5\text{-}5）$$

依据式（5-5），只要测算出了增值税税负率，工程总承包模式下的工程造价便迎刃而解。

建筑业"营改增税负不增加或略有降低"是国务院从试点到全面推开以来的一贯要求。建筑业"营改增"全面推开以来，国家税务总局先后多次通过多种方式，宣布"营改增"为包括建筑业在内各行各业实现减税。因此，本课题将以实际项目数据为依据，测算增值税税负率，不仅解决总承包项目增值税的计算问题，还能够就增值税税负水平给出答案。

5.3 工程总承包项目的综合税负率

按照现行工程造价构成中对税金的定义，税金是指按照国家税法规定，应计入工程造价内的增值税、城市维护建设税、教育费附加以及地方教育附加。城市维护建设税、教育费附加以及地方教育附加属于附加税。根据式（5-5），在增值税的条件下：

工程造价的税金＝增值税＋附加税

＝增值税＋城市维护建设税＋教育费附加＋地方教育附加

式（5-6）

5.3.1 城市维护建设税

城市维护建设税，又称城建税，是以纳税人实际缴纳的增值税、消费税税额为计税依据，依法计征的一种税。

2020年8月11日，第十三届全国人民代表大会常务委员会第二十一次会议通过《中华人民共和国城市维护建设税法》，自2021年9月1日起施行。根据该法，城市维护建设税税率的规定如下：

（1）纳税人所在地在市区的，税率为7%；

（2）纳税人所在地在县城、镇的，税率为5%；

（3）纳税人所在地不在市区、县城或者镇的，税率为1%。

纳税人所在地是指纳税人住所地或者与纳税人生产经营活动相关的其他地点（工程总承包项目即工程所在地），具体地点由省、自治区、直辖市确定。

5.3.2　教育费附加

教育费附加是由税务机关负责征收，同级教育部门统筹安排，同级财政部门监督管理，专门用于发展地方教育事业的预算外资金。

以纳税人实际缴纳的增值税、消费税税额为计征依据，税率为 3%。

5.3.3　地方教育附加

地方教育附加是指根据国家有关规定，为实施"科教兴省"战略，增加地方教育的资金投入，促进各省、自治区、直辖市教育事业发展，开征的一项地方政府性基金。

以纳税人实际缴纳的增值税、消费税税额为计征依据，税率为 2%。

工程总承包项目涉及的附加税税目和税率，如表 5-1 和表 5-2 所示：

表 5-1　工程总承包项目涉及的附加税税目和税率明细

税种	计税依据	税率
城市维护建设税	应纳增值税	（1）工程在市区：7% （2）工程在县城、镇：5% （3）工程不在市区、县城或镇：1%
教育费附加	应纳增值税	3%
地方教育费附加	应纳增值税	2%

表 5-2　工程总承包项目涉及的附加税税率明细

名称	计算基础	附加税税率
附加税（城市维护建设税、教育费附加、地方教育费附加）	增值税	（1）工程在市区：12% （2）工程在县城、镇：10% （3）工程不在市区、县城或镇：6%

式（5-6）四种税费中，增值税是其他三种附加税的计算基础。为了一次性计算出全部税金，可以引入"综合税负率"予以解决。

工程造价的税金＝增值税＋附加税

　　　　　　　＝增值税＋增值税 × 附加税税率

　　　　　　　＝增值税 × (1+ 附加税税率)　　　　　　　　　　式（5-7）

将式（5-4）代入式（5-7）：

工程造价的税金＝税前含税工程造价 × 增值税税负率 ×(1+ 附加税税率)

式（5-8）

若：

综合税负率＝增值税税负率 ×(1+ 附加税税率)

则：

工程造价的税金＝税前含税工程造价 × 综合税负率　　　　式（5-9）

因此，综合税负率的公式具体为：

$$
综合税负率=\begin{cases} 工程在市区：增值税税负率 \times (1+12\%) \\ 工程在县城、镇：增值税税负率 \times (1+10\%) \\ 工程不在市区、县城或镇：增值税税负率 \times (1+6\%) \end{cases}
$$

式（5-10）

5.4　基于"综合税负率"的工程总承包计价思路

　　根据式（5-9），基于"综合税负率"，税金的计算变得简单且清晰。在税前含税工程造价的基础上，乘以综合税负率，即可得到税金（增值税及附加税）。"税前含税工程造价＋税金"即为工程总承包项目的工程造价。

　　工程总承包包含设计、设备购置、施工三大类业务，属于兼有不同销项税税率的业务。其中，对于一般纳税人建筑服务类项目适用 9% 税率，现代服务类项目适用 6% 税率。根据各地税务机关的执行标准，如果工程总承包合同中未分别列示设计、设备采购、施工价款，就存在从高适用税率缴纳增值税的风险。为避免从高适用税率缴纳增值税的风险，需要对工程总承包合同价款进行拆分，在合同中分别列示设计、设备、施工的价款，并进一步明确就设计、设备、施工价款分别向业主开具 6% 及 9% 税率的增值税发票。

　　根据拆分原则，工程总承包项目的造价确定基于图 4-1 分项进行：将工程费用和其他费用分别计算。

　　（1）工程费用的计算：在税前含税工程费用的基础上，基于工程费用的综合税负率计算工程费用对应的税金。然后，通过公式"税前含税工程费用＋税金"就能确定考虑了增值税和附加税的工程费用。

　　（2）其他费用的计算：在税前含税其他费用的基础上，基于其他费用的综合税负率计算其他费用对应的税金。然后，通过公式"税前含税其他费用＋税金"就能确定考虑了增值税和附加税的其他费用。

　　（3）工程费用加其他费用，就能确定工程总承包项目的造价。

　　上述计算思路可以表达为表 5-3。

表 5-3 基于综合税负率的工程总承包项目工程造价的计算

费用分类	费用名称	税前含税工程造价	税金	工程造价
工程费用	建筑工程费	(1)	(1)′＝(1)×工程费用的综合税负率	$C_1 = (1) + (1)′$
	设备购置费			
	安装工程费			
其他费用	勘察费	(2)	(2)′＝(2)×其他费用的综合税负率	$C_2 = (2) + (2)′$
	设计费			
	工程总承包管理费			
	研究试验费			
其他费用	临时用地及占道使用补偿费	(2)	(2)′＝(2)×其他费用的综合税负率	$C_2 = (2) + (2)′$
	场地准备及临时设施费			
	检验检测及试运转费			
	系统集成费			
	工程保险费			
	其他专项费			
	代办服务费			
工程总承包项目工程造价		$C_1 + C_2$		

表 5-3 是工程总承包项目工程造价的计算思路表达。在计算过程中，基于"综合税负率"计算工程总承包税金是关键。一旦税金计算出来，工程总承包项目工程造价的确定就迎刃而解了。

工程费用＝税前含税工程费用＋税金（1）′   式（5-11）

其他费用＝税前含税其他费用＋税金（2）′   式（5-12）

工程总承包项目工程造价＝工程费用＋其他费用   式（5-13）

此时，工程总承包项目造价确定，也就是税金的计算难点转化为综合税负率的确定。本课题拟通过典型工程对综合税负率进行测算，给出合理的税率区间。

第6章
工程总承包项目的综合税负率测算

首先，本章阐述工程总承包项目的综合税负率的测算思路。其次，选择8个典型工程进行工程总承包费用中归属建筑服务类费用（工程费用）的综合税负率的测算，并对测算结果进行分析。最后，采用企业访谈进行工程总承包费用中归属现代服务类费用（其他费用）的综合税负率的测算，并对测算结果进行分析。

6.1　测算思路

建筑产品（建设项目）与工业化标准件相比，每个项目的构造组成都不一样。每一件建筑产品都具有唯一性。虽说千变万化，但还是可以寻找一定的规律，每种大类的建筑物或构筑物，施工工艺相近、施工用材大同小异，可以选取比较有代表性的建筑物或构筑物建立综合税负率测算模型。

6.1.1　依据典型工程分类测算

为了既全面又有代表性地测算综合税负率，课题组选择了 8 个典型工程进行测算，如表 6-1 所示。

将房屋建筑工程、市政工程（路桥）、市政工程（给排水）、机电安装工程进行分类测算。其中，房屋建筑工程又可以细分为框剪结构、砖混结构、框架结构、钢结构、框剪结构（装配式），可对其进行分类测算。

表 6-1　典型工程的基本概况

序号	典型工程	工程概况	结构或专业类型
1	某大学 9 号住宅楼	32 层剪力墙结构，其中一层、二层为商业层（部分框架结构）；建筑面积为 20143.2m²	框剪结构
2	某小区商住楼	地上五层（无地下室），建筑高度为 15m；建筑面积为 1414.43m²	砖混结构
3	某国际社区 2 号楼	由 4 栋高层住宅楼、1 栋多层商业楼以及两层共用地下室组成；建筑面积为 119900m²	框架结构
4	某电缆厂厂房	钢结构厂房及综合安装工程，钢结构类型为轻钢门型钢架，最大跨度为 27m，檐口高度为 13.5m，建筑面积为 9250m²	钢结构

续表

序号	典型工程	工程概况	结构或专业类型
5	某小区商住楼	地上 17 层,剪力墙结构,建筑面积为 16067.07m²	装配式(框剪结构)
6	某立交桥	标准三层式全苜蓿叶互通。由桥梁工程、道路工程、挡土墙工程三个单位工程组成	市政工程(路桥)
7	某创新基地道路工程	道路全长约 1100m,道路红线长 20m	市政工程(给排水)
8	某图书馆新馆	地下两层,地上八层,建筑面积为 51915 m²,建筑高度为 38.5m,为一类高层建筑	机电安装工程(不含设备费)

6.1.2 依据税目分类测算

依据 4.3.2 的梳理,工程总承包费用构成中的工程费用适用建筑服务的税目,一般纳税人适用的税率为 9%;工程总承包费用构成中的其他费用适用现代服务的税目,一般纳税人适用的税率为 6%。因此,考虑将工程总承包项目的综合税负率分为两大类(建筑服务类和现代服务类)进行测算。综合税负率的测算方法如表 6-2 所示:

表 6-2 综合税负率的测算方法

测算类型	费用名称	测算方法
建筑服务类	工程费用	典型工程数据测算
现代服务类	其他费用	企业访谈

6.1.3 测算步骤

表 6-1 中 8 个典型工程的计价依据,部分为 2015 年《四川省建设工程工程量清单计价定额》(营业税下的数据),部分为 2020 年《四川省建设工程工程量清单计价定额》。在这个数据背景下,以单项工程为对象,测算步骤为:

(1)计算单位工程的分部分项工程费和单价措施费中的"进项税额";

（2）计算单位工程的总价措施费中的"进项税额"；

（3）汇总上述两个步骤中计算的"进项税额"，得到单位工程的"进项税额"；

（4）汇总各单位工程的"进项税额"，得到单项工程的"进项税额"总额；

（5）汇总各单位工程的"销项税额"，得到单项工程的"销项税额"总额；

（6）计算单项工程的"应纳增值税"总额；

（7）汇总各单位工程的"附加税"，得到单项工程的"附加税"总额；

（8）计算单项工程的税前含税工程造价；

（9）测算增值税税负率；

（10）测算综合税负率。

测算步骤之间的逻辑联系如图 6-1 所示。

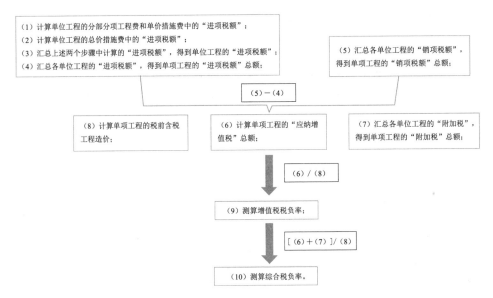

图 6-1　测算步骤之间的逻辑关系图

6.2　建筑服务类

工程总承包费用中的建筑工程费、设备购置费、安装工程费对应建筑服务类。本节主要对建筑工程费的综合税负率测算进行说明和演示。

6.2.1　测算说明

6.2.1.1　关于分部分项工程费和单价措施费中的人工费

人工费是支付给直接从事建筑安装施工作业的生产工人的各项费用。考虑企业与正规劳务公司建立起合作关系，从劳务公司获得增值税发票，抵扣部分税款，减按 50% 人工费的进项税抵扣计算。

6.2.1.2　关于分部分项工程费和单价措施费的材料费

材料费为材料单价与材料消耗数量的乘积，材料单价是包含进项税的，需要进行进项税抵扣计算。

材料单价分为工程造价管理部门发布的信息价和材料的当期市场实际购买价。不管哪种情况，材料单价都指从其来源地运到施工工地仓库直至出库形成的综合平均单价。这与建筑市场实际采买时的定价口径一致。因此，材料单价是由材料原价、运杂费、运输损耗费、采购及保管费四项费用组成。从这四项费用适用的进项税税率来讲，并不完全一致。课题组在研究材料费进项税抵扣时，没有对四项费用分别进行抵扣，而是采用一次性抵扣进行进项税计算。原因有如下三个方面：

（1）在建筑市场购买材料运到施工现场后，都是一次性按材料原价对应的增值税率进行抵扣，一次性抵扣符合市场实际情况；

（2）经咨询，税务部门征税时也不会按照材料单价的组成一项一项计算抵扣税额；

（3）经对比测算，材料单价一次性抵扣与分四项费用分别抵扣的结果偏差较小，影响程度仅为 0.5% 左右；

因此，材料费中的进项税额按材料适用增值税税率 13%（见表 4-2 及 4.3.2 相关说明）、3%（见表 4-5 及 4.3.3 相关说明）分别进行抵扣。

另外，还有两个特殊情况需要进行说明：

（1）3% 的干混砂浆征收率

《四川省国家税务局关于增值税若干事项的政策指引》中"关于一般纳税人销售自产的干混砂浆适用税率问题"规定，"一般纳税人销售自产的干混砂浆（由水泥、砂等原料，按一定比例，在专业生产厂经计量、混合而成的混合物），由于与商品混凝土生产工艺相似、原料基本一致，若干混砂浆原料中水泥成分占比与商品混凝土原料中水泥占比接近，暂比照《财政部 国家税务总局〈关于部分货物适用增值税低税率和简易办法征收增值税政策〉的通知》（财税〔2009〕9 号）文件第二条第三款'商品混凝土（仅限于以水泥为原料生产的水泥混凝土）'的规定，可选择按照简易办法以 3% 的征收率计算缴纳增值税"。

（2）12% 的进项税抵扣调整系数

四川省住房和城乡建设厅关于印发《建筑业营业税改征增值税四川省建设工程计价依据调整办法》的通知（川建造价发〔2016〕349 号）附件 1"营改增后 15 定额费用、费率调整表"（表 6-3）。依据表 6-3，以"元"为单位的费用的进项税抵扣调整系数为 12%。

表 6-3　营改增后 15 定额费用、费率调整表

调整项目	机械费（其他机械费）	综合费	其他材料费，安装定额计价材料费，轨道、市政定额部分计价材料费	摊销材料费	调整方法
调整系数	92.8%	105%	88%	87%	以定额项目基价的相应费用乘以对应调整系数

典型工程 1 中建筑与装饰工程的材料进项税抵扣（部分），如表 6-4 所示。

典型工程 1 的其余单位工程及其他典型工程各单位工程的材料费进项税抵扣均同样进行。

表 6-4 单位工程材料费进项税抵扣表（部分）

工程名称：典型工程 1——某大学 9 号住宅楼【建筑与装饰工程】

单位：（元）

序号	材料名称	单位	数量	单价	材料费合价	进项税税率	抵扣进项税额	抵扣后材料费合价
1	GRC 烟道	m	565.488	24.15	13656.54	13%	1570.80	12083.08
2	SBS 改性沥青涂料	kg	2261.442	3.38	7643.67	13%	879.45	6765.00
3	白水泥	kg	755.259	0.64	483.37	13%	55.39	426.04
4	百叶窗	m²	1812.182	144.87	262530.80	13%	30203.03	232331.03
5	扁钢综合	t	5.352	4346.15	23260.59	13%	2676.00	20584.62
6	标准砖	千匹	229.35	429.79	98572.34	3%	2871.01	95700.48
7	电焊条	kg	11.71	4.83	56.56	13%	6.51	50.04
…	…	…	…	…	…	…	…	…
32	干混地面砂浆 M15	t	131.918	287.00	37860.47	3%	1102.73	36757.73
33	干混地面砂浆 M20	t	598.224	299.00	178868.98	3%	5209.78	173659.20
34	干混抹灰砂浆 M15	t	92.236	320.00	29515.52	3%	859.68	28655.84
35	干混抹灰砂浆 M20	t	10.481	341.00	3574.02	3%	104.10	3469.92
36	干混抹灰砂浆 M5	t	1369.771	279.00	382166.11	3%	11131.05	371035.06

续表

序号	材料名称	单位	数量	单价（元）	材料费合价（元）	进项税税率	抵扣进项税额（元）	抵扣后材料费合价（元）
37	干混砌筑砂浆 M5	t	723.089	257.00	185833.87	3%	5412.64	180421.24
…	…	…	…	…	…	…	…	…
84	其他材料费	元	321970.98	1.00	321970.98	12%	34000.14	283334.46
…	…	…	…	…	…	…	…	…
139	材料费合计（元）							13062746.51
140	抵扣进项税合计（元）							1127420.29
141	抵扣后材料费合计（元）							11935326.23

6.2.1.3　关于分部分项工程费和单价措施费中的施工机具使用费

课题组经反复测算论证，施工机具使用费按自有机械、租赁机械两种方式各占 50% 考虑。即，将施工机具使用费的 50% 按租赁方式，适用提供有形动产租赁服务适用税率 13% 进行抵扣。典型工程 1 中的建筑与装饰工程的施工机具使用费进项税抵扣表，如表 6-5 所示。

表 6-5　单位工程施工机具使用费进项税抵扣表

工程名称：典型工程 1——某大学 9 号住宅楼【建筑与装饰工程】

单位：（元）

序号	施工机具费组成项目	费用	抵扣进项税率	抵扣进项税额
1	施工机械使用费	948410.78	13%	54554.60
1.1	分部分项工程费	146790.96	13%	8443.73
1.2	单价措施费	801619.82	13%	46110.87
	合计	948410.78		54554.60

典型工程 1 的其余单位工程及其他典型工程各单位工程的施工机具使用费进项税抵扣均同样进行。

6.2.1.4 关于分部分项工程费和单价措施费中的企业管理费

经反复测算和论证，企业管理费占综合费的 55%，企业管理费的 7%（主要包括办公费用、固定资产使用费、工具用具使用费等）涉及 13% 进项税抵扣。典型工程 1 中的建筑与装饰工程的企业管理费进项税抵扣表（见表 6-6）。典型工程 1 的其余单位工程及其他典型工程各单位工程的企业管理费进项税抵扣均同样进行。

表 6-6　单位工程企业管理费进项税抵扣表

工程名称：典型工程 1——某大学 9 号住宅楼【建筑与装饰工程】

单位：（元）

序号	企业管理费组成项目	计税基数合计	抵扣进项税率	抵扣进项税额	抵扣后费用
1	分部分项	29856.94	13%	3434.87	26422.07
2	单价措施	17873.23	13%	2056.21	15817.02
合计		47730.17		5491.08	42239.09

6.2.1.5 关于总价措施费

由于工程类型及复杂情况不一样，各个工程发生的总价措施项目差异很大，经反复测算和论证，总价措施费的进项税按照总价措施费用构成及对应的进项税率逐项抵扣。典型工程 1 中的建筑与装饰工程的总价措施费进项税抵扣，如表 6-7 所示。

表 6-7 对文明施工费，安全施工费，临时设施费，夜间施工，非夜间施工照明，二次搬运，冬雨季施工，地上地下设施、建筑物的临时保护设施，已完工程及设备保护，总价措施项目进行了费用梳理，在此基础上确定涉及进项税抵扣的项目并进行"进项税抵扣税额"的计算。

表 6-7 单位工程总价措施项目进项税抵扣表

工程名称：典型工程 1——某大学 9 号住宅楼【建筑与装饰工程】

单位：（元）

序号	项目名称		综合单价①	进项税抵扣税率②	进项税抵扣税额③	抵扣后费用④=①-③	备注
1	环境保护费		16495.16	0%	0.00	16495.16	
2	文明施工费	"五牌一图"					
		现场围挡的墙面美化（包括内外粉刷、刷白、标语等）、压顶装饰					
		现场厕所便槽刷白、贴面砖，水泥砂浆地面或地砖，建筑物内临时便溺设施					
		其他施工现场临时设施的装饰装修、美化措施					
		现场生活卫生设施					
		符合卫生要求的饮水设备、淋浴、消毒等设施					
		生活用洁净燃料					
		防煤气中毒、防蚊虫叮咬等措施					
		施工现场操作场地的硬化	103094.76	3%	1801.66	101293.10	按文明施工费的50%考虑，其中60%作为材料费抵扣

序号	项目名称		综合单价①	进项税抵扣税率②	进项税抵扣税额③	抵扣后费用④=①-③	备注
2	文明施工费	现场绿化、治安综合治理					
		现场配备医疗保健器材、物品和急救人员培训					
		现场工人的防暑降温、电风扇、空调等设备及用电					
		其他文明施工措施					
		文明施工费用合计	206189.52	—	1801.66	204387.86	
3	安全施工费	安全资料、特殊作业专项方案的编制					
		安全施工标志的购置及安全宣传					
		"三宝"（安全帽、安全带、安全网）、"四口"（楼梯口、电梯井口、通道口、预留洞口）、"五临边"（阳台围边、楼板围边、屋面围边、槽坑围边、卸料平台两侧）、水平防护架、垂直防护架、外架封闭等防护					
		施工安全用电，包括配电箱三级配电、两级保护装置要求、外电防护措施					

序号	项目名称		综合单价①	进项税抵扣税率②	进项税抵扣税额③	抵扣后费用④=①-③	备注
3	安全施工费	起重机、塔吊等起重设备（含井架、门架）及外用电梯的安全防护措施（含警示标志）及卸料平台的临边防护、层间安全门、防护棚等设施					
		建筑工地起重机械的检验检测					
		施工机具防护棚及其围栏的安全保护设施					
		施工安全防护通道					
		工人的安全防护用品、用具购置					
		消防设施与消防器材的配置					
		电气保护、安全照明设施					
		其他安全防护措施					
		安全施工费用合计	298710.45	13%	24055.44	274655.01	按安全文明施工费用70%抵扣考虑
4	临时设施费	施工现场采用彩色、定型钢板，砖、混凝土砌块等围挡的安砌、维修、拆除	7467.76122	13%	515.47		按占临时设施费用的2.5%考虑，其中60%作为材料费抵扣

续表

序号	项目名称		综合单价①	进项税抵扣税率②	进项税抵扣税额③	抵扣后费用④=①-③	备注
4	临时设施费	施工现场临时建筑物、构筑物的搭设、维修、拆除，如临时宿舍、办公室、食堂、厨房、厕所、诊疗所、临时文化福利用房、临时仓库、加工场、搅拌台、临时简易水塔、水池等	119484.18	13%	8247.58		按占临时设施费用的40%考虑，其中60%作为材料费抵扣
		施工现场临时设施的搭设、维修、拆除，如临时供水管道、临时供电管线、小型临时设施等	104548.66	13%	7216.63		按占临时设施费用的35%考虑，其中60%作为材料费抵扣
		施工现场规定范围内临时简易道路铺设，临时排水沟、排水设施安砌、维修、拆除	61856.85	3%	1080.99		按占临时设施费用的20%考虑，其中60%作为材料费抵扣
		其他临时设施搭设、维修、拆除					
		临时设施费用合计	309284.27		17060.68	292223.59	
5	夜间施工	夜间固定照明灯具和临时可移动照明灯具的设置、拆除	9957.02	13%	687.30		按占夜间施工费用的20%考虑，其中60%作为材料费抵扣
		夜间施工时，施工现场交通标志、安全标牌、警示灯等的设置、移动、拆除					

序号	项目名称		综合单价①	进项税抵扣税率②	进项税抵扣税额③	抵扣后费用④=①-③	备注
5	夜间施工	包括夜间照明设备及照明用电、施工人员夜班补助、夜间施工劳动效率降低等					
		夜间施工费用合计	51547.38		687.30	50860.08	
6	非夜间施工照明	为保护工程施工正常进行，在地下室等特殊施工部位施工时所采用的照明设备的安拆、维护及照明用电等					
7	二次搬运	由于施工场地条件限制而发生的材料、成品、半成品等一次运输不能达到堆放地点，必须进行的二次或多次搬运	30928.43		0.00	30928.43	
8	冬雨季施工	冬雨季施工时增加的临时设施（防寒保暖、防雨、防风设施）的搭设、拆除	19914.03	13%	1374.60		按占冬雨季施工费用的50%考虑，其中60%作为材料费抵扣
		冬雨季施工时，对砌体、混凝土等采用的特殊加温、保温和养护措施					
		冬雨季施工时，施工现场的防滑处理、对影响施工的雨雪的清除					

续表

序号	项目名称		综合单价①	进项税抵扣税率②	进项税抵扣税额③	抵扣后费用④=①-③	备注
8	冬雨季施工	包括冬雨季施工时增加的临时设施、施工人员的劳动保护用品、冬雨季施工劳动效率降低等					
		冬雨季施工费用合计	41237.90		1374.60	39863.30	
9	地上、地下设施、建筑物的临时保护设施	在工程施工过程中，对已建成的地上、地下设施和建筑物进行的遮盖、封闭、隔离等必要保护措施					
10	已完工程及设备保护	对已完工程及设备采取的覆盖、包裹、封闭、隔离等必要保护措施	100000.00		0.00	100000.00	
11	含进项税的总价措施项目合计		1054393.11				
12	不含进项税的总价措施项目合计		1009413.43				
13	总价措施项目进项税抵扣额合计		44979.68				

典型工程 1 的其余单位工程及其他典型工程各单位工程的企业管理费进项税抵扣均同样进行。

6.2.1.6　关于其他项目费用

其他项目费用包含暂列金、暂估价、计日工和总承包服务费。此四项费用在选取的典型实例中均不存在进项税抵扣问题。

6.2.1.7 关于规费

规费以定额人工费为计算基数。由于人工费不存在进项税抵扣问题，因而规费也不存在进项税抵扣问题。

6.2.2 典型工程 1 的部分测算结果

6.2.1 对典型工程 1 中建筑与装饰工程的进项税额抵扣测算进行了说明。在此基础上，典型工程 1 的汇总测算表，如表 6-8 至表 6-12 所示。

最终的测算结果体现在表 6-12 的最后两行：增值税税负率为 3.35%，综合税负率为 3.69%。

表 6-8 单位工程进项税汇总表（1）

工程名称：典型工程 1——某大学 9 号住宅楼【建筑与装饰工程】

单位：（元）

序号	费用名称	合价	进项税抵扣额	进项税抵扣后费用	占进项税抵扣额合计的比例
1	材料费	13062746.51	1127420.29	11935326.23	91.48%
2	施工机具使用费	948410.78	54554.60	893856.17	4.43%
3	企业管理费	47730.17	5491.08	42239.09	0.45%
4	总价措施项目	1054393.11	44979.68	1009413.43	3.65%
5	合计	15113280.57	1232445.64	13880834.93	100.00%

表 6-9 单位工程进项税汇总表（2）

工程名称：典型工程 1——某大学 9 号住宅楼【给排水工程】

单位：（元）

序号	费用名称	合价	进项税抵扣额	进项税抵扣后费用	占进项税抵扣额合计的比例
1	材料费	408869.53	47037.89	361831.64	93.51%
2	施工机具使用费	604.27	34.76	569.51	0.07%

续表

序号	费用名称	合价	进项税抵扣额	进项税抵扣后费用	占进项税抵扣额合计的比例
3	企业管理费	2035.89	234.22	1801.67	0.47%
4	总价措施项目	85375.94	2993.70	82382.24	5.95%
5	合计	496885.63	50300.57	446585.06	100.00%

表6-10　单位工程进项税汇总表（3）

工程名称：典型工程1——某大学9号住宅楼【电气工程】

单位：（元）

序号	费用名称	合价	进项税抵扣额	进项税抵扣后费用	占进项税抵扣额合计的比例
1	材料费	1880199.75	216306.17	1663893.58	96.07%
2	施工机具使用费	12174.66	700.31	11474.35	0.31%
3	企业管理费	5151.81	592.69	4559.12	0.26%
4	总价措施项目	215447.22	7544.88	207902.34	3.35%
5	合计	2112973.43	225144.05	1887829.39	99.99%

表6-11　单项工程进项税汇总表

工程名称：典型工程1——某大学9号住宅楼

单位：（元）

序号	费用名称	合价	进项税抵扣额	进项税抵扣后费用	进项税额占总费用比例	占进项税抵扣额合计的比例
1	材料费	15351815.79	1390764.34	13961051.45	9.06%	86.10%
2	施工机具使用费	961189.71	55289.67	905900.03	5.75%	5.59%
3	企业管理费	54917.86	6317.98	48599.88	11.50%	0.30%
4	总价措施项目	1355216.27	55518.26	1299698.01	4.10%	8.02%
5	合计	17723139.63	1507890.26	16215249.37	30.41%	100.01%

工程名称：典型工程 1——某大学 9 号住宅楼

表 6-12　单项工程汇总表

单位：（元）

费用编号	费用名称	计算公式	金额				税率	备注
			建筑与装饰工程	给排水工程	电气工程	合计		
A	分部分项费用＋单价措施费用		23210944.80	753667.47	2752114.58	26716726.86	－	
B	总价措施项目		1054393.11	85375.94	215447.22	1355216.27	－	
C	其他项目费用		0.00	0.00	0.00	0.00	－	
D	规费		896988.38	36822.08	91879.23	1025689.69	－	
E	税金	E.2+E.3	1013367.98	26400.30	32936.95	1072705.23	－	
E.1	进项税	详进项税汇总表	1232445.64	50300.57	225144.05	1507890.26	－	
E.2	应纳增值税	(A+B+C+D-E.1)×税率-E.1	921243.61	24000.28	29942.68	975186.57	9.00%	
E.3	附加税	E.2×税率	921124.36	2400.03	2994.27	97518.66	5%+3%+2%	县城、镇
F1	增值税税负率		3.35%					县城、镇
F2	综合税负率		3.69%					

测算结论及分析 8 个典型工程的测算结果，如表 6-13 所示。

表 6-13   典型工程的测算结果

项目	典型工程 1	典型工程 2	典型工程 3	典型工程 4	典型工程 5	典型工程 6	典型工程 7	典型工程 8
	剪力墙结构	砖混结构	框架结构	钢结构	装配式剪力墙结构	市政工程（路桥）	市政工程（给排水）	机电安装工程
增值税税负率	2.9%	3.33%	2.75%	1.46%	2.24%	2.02%	2.18%	-0.26%
综合税负率	3.69%（县城、镇）	4.24%（县城、镇）	3.08%（市区）	1.61%（县城、镇）	3.12%（市区）	2.22%（县城、镇）	2.66%（县城、镇）	-0.29%（市区）

对表 6-13 的测算结果分析如下：

6.2.2.1   剪力墙结构、砖混结构、框架结构

剪力墙结构、砖混结构、框架结构的综合税负率比较接近。砖混结构的综合税负率最高，剪力墙结构的综合税负率次之，框架结构的综合税负率最低。原因分析如表 6-14 所示：

表 6-14   三种结构的房屋建筑工程的材料费用占比分析

占比 结构类型	砼、砂浆、砖、砂、石、石料等（3%增值税率）材料费用占结构部分材料费的占比①	钢筋等（13% 增值税率）材料费用占结构部分材料费的占比②
剪力墙结构	55.91%	44.09%
砖混结构	71.44%	28.56%
框架结构	44.93%	55.07%

从进项税抵扣的角度，三种结构最大的区别在于结构形式的不同产生的占比①和占比②的差别。表 6-14 中，占比①由高到低排序为：砖混结构＞剪力墙结构＞框架结构；占比②由高到低排序为：框架结构＞剪力墙结构＞砖混结构。

占比①涉及的材料是 3% 的进项税抵扣，占比②涉及的材料是 13% 的进项税抵扣。框架结构占比①最低，占比②最高，即框架结构高税率进项抵扣的占

比最高，综合税负率自然就最低。砖混结构占比情况正好相反，综合税负率自然就最高。

此外，结构类型的不同还表现为：混凝土模板的周转用量产生的材料费，以及其他单价措施的不同（如剪力墙及框架结构可以达到比砖混结构更高的建筑高度，因此会产生不适用于砖混结构的垂直运输费、大型机械使用费等）。因此，剪力墙结构、框架结构涉及的进项抵扣的费用种类比砖混结构多一些。

上述原因，导致砖混结构的增值税税负率及综合税负率偏高。

6.2.2.2 装配式剪力墙结构

与传统现浇结构相比，装配式剪力墙结构不仅涉及占比②，还涉及占比③，如表 6-15 所示。占比③的增值税率为 13%，因此抵扣更多，综合税负率进一步降低。装配式剪力墙结构的综合税负率低于 3%，并且随着装配率的提高，综合税负率会进一步降低。

表 6-15 装配式和非装配式剪力墙结构房屋建筑工程材料费用占比分析

占比 结构类型	砼、砂浆、砖、砂、石、石料等（3%增值税率）材料费用占结构部分材料费的占比①	钢筋（13%增值税率）材料费用占结构部分材料费的占比②	装配式构件（13%增值税）材料费用占结构部分材料费的占比③
传统现浇	55.91%	44.09%	–
装配式剪力墙结构	42.02%	37.39%	20.60%

6.2.2.3 市政工程

由于市政工程中涉及 13% 进项抵扣的材料占比很高，用于抵扣的进项税对应较多，因此，增值税税负率及综合税负率较低。

6.2.2.4 钢结构

钢结构涉及钢材占比很大，涉及 13% 的进项抵扣占比很大，因此，增值税税负率及综合税负率很低。

6.2.2.5 机电安装工程

由于机电安装工程几乎全是 13% 进项抵扣的材料，经测算，用于抵扣的进项税额与销项税额接近，因此，接近 0% 税负率。

上述 8 个典型工程测算结果符合不同结构类型不同专业工程增值税税率的行业发展规律。

需要说明的是：上述测算只涉及建筑工程费。对于民用建筑，工程费用主要涉及建筑工程费。因此，上述 8 个典型工程的测算结果适用于民用建筑。

工业建筑不仅涉及建筑工程费，还涉及设备购置费和安装工程费。设备购置可参看 4.3.3 的特殊情形，销售设备的进项和销项都是 13%。安装工程费的综合税率测算方法与建筑工程费综合税负率的测算方法完全相同。

6.3 现代服务类

6.3.1 测算说明

工程总承包费用中的其他费用对应现代服务类。本节主要对其他费用的综合税负率测算进行说明和演示。

测算的特别情况说明如下：

（1）其他费用包含的费用很多，每个费用对应的增值税进项有高有低。其中，场地准备及临时设施费还比较特殊，其增值税进项与建筑服务类相同，因此，场地准备及临时设施费的测算可以按照建筑服务类（工程费用）的方法完成。

（2）课题组测算的思路有两个：①其他费用统一测算，即测算为一个综合税负率；②企业按照每年的数据进行测算。企业在其他费用部分无法按项目分摊。

（3）测算方法是企业访谈。

6.3.2 测算结果

测算结果，如表 6-16、表 6-17 所示。

表 6-16 其他费用综合税负率测算结果（2019 年）

费用编号	费用名称	计算公式	测算数据	说明
A	勘察实际收费（元）		5228.06	
A.1	其中：增值税（销项税）		295.93	
B	进项税		21.10	

续表

费用编号	费用名称	计算公式	测算数据	说明
C.2	应纳增值税	A.1-B	274.83	
C.3	附加税	C.2×税率	27.48	县城、镇
F1	增值税税负率	C.2÷(A-A.1+B)	5.55%	
F2	综合税负率	(C.2+C.3)÷(A-A.1+B)	6.10%	

表 6-17 其他费用综合税负率测算结果（2020 年）

费用编号	费用名称	计算公式	测算数据	说明
A	勘察实际收费（元）		2317.16	
A.1	其中：增值税（销项税）		131.16	
B	进项税		17.98	
C.2	应纳增值税	A.1-B	113.18	
C.3	附加税	C.2×税率	11.32	县城、镇
F1	增值税税负率	C.2÷(A-A.1+B)	5.14%	
F2	综合税负率	(C.2+C.3)÷(A-A.1+B)	5.65%	

第7章
综合税负率的参考标准及计算示例

本章给出综合税负率的参考区间。参考区间是在第6章测算的基础上,并在调研多家企业后得到的范围区间。

本章通过一个工程总承包项目实例演示税金的计算及工程总承包造价的确定过程。

7.1　综合税负率的参考标准

通过第 6 章的典型工程数据测算及企业访谈，课题组推荐不同专业、不同结构的工程总承包项目的综合税负率区间，如表 7-1 所示。

表 7-1　工程总承包项目的综合税负率区间

费用分类	专业、结构类型	增值税税负率①	综合税负率②
工程费用	钢筋混凝土结构	3.0%~3.5%	工程在市区： ②＝①×（1+12%） 工程在县城、镇： ②＝①×（1+10%） 工程不在市区、县城或镇： ②＝①×（1+6%）
	砖混结构	3.7%~3.9%	
	装配式结构	2.6%~2.9%	
	市政工程	2.2%~2.5%	
	钢结构	1.5%~1.9%	
	机电安装工程	0.0%~0.03%	
其他费用	勘察费	4.5%~6.1%	
	设计费		
	工程总承包管理费		
	研究试验费		
	临时用地及占道使用补偿费		
	场地准备及临时设施费		
	检验检测及试运转费		
	系统集成费		
	工程保险费		

费用分类	专业、结构类型	增值税税负率①	综合税负率②
其他费用	其他专项费		
	代办服务费		

将课题组的综合税负率参考标准与深圳市建设工程造价管理站发布的《深圳市建设工程造价管理站关于调整深圳市建设工程计价费率标准增值税综合应纳税费率的通知》（深建价〔2019〕15号）中给出的增值税综合应纳税费率（见表7-2）作一个对比。

表 7-2 增值税综合应纳税费率

（单位：%）

参考范围	推荐费率
0.59~6.28	3.02

深圳市建设工程造价管理站给出的增值税综合应纳税费率参考范围为0.59~6.28，与课题组的费率区间部分吻合。课题组测算的机电安装工程综合税负率与其下限接近。

深建价〔2019〕15号文件的增值税计算思路及方法，与课题组是不谋而合的，且参考费率与建议区间互为佐证。

7.2　计算示例

　　某房屋建筑工程总承包项目属于剪力墙结构，工程费用（税前含税）估算价为 8000 万元，其他费用（税前含税）估算价为 1360 万元。该项目所在地为市区。

　　从表 7-1 中查得工程费用增值税税负率范围（3.0%~3.5%）。企业依据财税策划确定该项目的工程项目增值税税负率为 3.2%。从表 7-2 中查得其他费用增值税税负率范围（4.5%~5.5%）。企业依据自身运行管理情况确定该项目的其他费用增值税税负率为 4.5%。

　　工程费用报价：$8000+8000×〔3.2%×(1+12%)〕= 8286.72$（万元）

　　其他费用报价：$1360+1360×〔4.5%×(1+12%)〕\approx 1428.54$（万元）

　　工程总承包项目报价：$8286.72+1428.54 = 9715.26$（万元）

第8章
结论及建议

　　本书以我国工程总承包推进实践中工程计价中存在的问题为研究对象，以工程总承包的税金计算为切入点，厘清"营改增"后工程总承包条件下税费的理解。在增值税税负率基础上，考虑增值税附加税的计算，提出综合税负率的定义，探讨与工程总承包费用构成相匹配的增值税及附加税的计算方法。引入工程总承包项目的增值税税负率及综合税负率的概念，基于综合税负率，解决工程总承包税金的计算问题。给出了具体的计算公式及计算思路、典型工程总承包综合税负率参考区间。将理论分析和数据测算相结合，立足于现行税收政策，使工程总承包项目的税金计算可行、合理、简便，为工程总承包计价奠定必要的基础。

8.1 结论

本文将理论分析和数据测算相结合，立足于现行税收政策，对工程总承包项目税金计算进行了研究，简化工程总承包项目工程造价的确定流程，为工程总承包计价提供支撑，为建设双方发承包价格的确定解决了一个难题，助力工程总承包的推行。课题组研究过程中形成了以下主要结论：

8.1.1 施工总承包的税金计算方法不完全适合工程总承包

施工总承包项目确定材料、设备的除（进项）税相对可行。工程总承包项目的估算、概算及结算均不按施工图计量，无法计算材料、设备的种类及数量，也就难以在实施过程中除税。此外，工程总承包项目的造价确定不仅涉及建筑安装工程费等建筑服务类费用，还涉及勘察、设计等现代服务类费用，比现行工程造价计算公式的除税计算复杂得多，如不进行调整，造价计算的复杂程度及难度将进一步加大，易导致更多的结算纠纷和扯皮现象产生。

8.1.2 现行税金计算公式仍需改进

首先，如将销项税额简单理解为替代原营业税额，按销项税额计算的增值税税负率为 8.26% ～ 8.57%，则会增加发包人（原本的增值税税负率为 5.26% ～ 5.57%）的增值税税负（与营业税 3% 相比）。

按销项税额计算的综合税负率为 9.25% ～ 9.60%，则会增加发包人（原本的综合税负率为 5.82% ～ 6.17%）的综合税负率（与工程在市区时营业税及附加税税率 3.43% 相比），如表 3-1 所示。

其次，如将销项税额混同于营业税额，对附加税的计算也会产生较大影响（见表 3-2）。当某单位工程应纳增值税出现负数时，其附加税是负数（可以抵销附加税为正值的单位工程），则单项工程的附加税就非常少。但按销项税额计算的附加税以销项税额为基数，则不会出现抵销情况。如表 3-2 某图书馆新馆市政工程（给排水）。

8.1.3 课题组采用的工程总承包模式下增值税税金的计算方法

用简易计税的思路计算增值税。用税前含税工程造价作为增值税的计算基数，同时测算出一个增值税税负率，用此税负率计算出增值税。

8.1.4 增值税税负率的计算公式

$$增值税税负率 = \frac{增值税}{税前含税工程造价}$$

8.1.5 综合税负率的计算公式

$$综合税负率 = \begin{cases} 工程在市区：增值税税负率 \times (1+12\%) \\ 工程在县城、镇：增值税税负率 \times (1+10\%) \\ 工程不在市区、县城或镇：增值税税负率 \times (1+6\%) \end{cases}$$

8.1.6 工程总承包项目税金的计算方法

用简易计税的思路简化计算工程总承包项目的税金。

工程总承包项目工程造价＝税前含税工程造价＋税金（应纳增值税＋附加税）

税金＝税前含税工程造价 × 综合税负率

8.2　建议

8.2.1　建议综合税负率发布的方式

建议每年收集各省、自治区、直辖市的工程总承包项目工程造价信息，区分不同专业不同结构类型测算实际项目的综合税负率，经过整理后发布综合税负率参考区间，为工程总承包项目的计价提供参考依据，如图8-1所示。

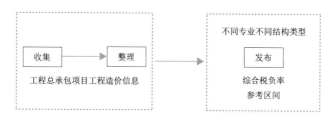

图8-1　建议的综合税负率发布方式

综合税负率的测算结果也可以反馈给政策制定部门，以便实行更优化的税收政策。我国的税收制度与国际惯例接轨的初衷已经实现，工程总承包正在加快推进，公平竞争的环境正在营造，总承包商的精细化管理能力也在逐步增强。

8.2.2　建议工程总承包价格清单中税金的处理方式

工程总承包中价格清单项目应包括成本、利润。税金应归属于成本。

在工程总承包项目的合同金额中，税金的处理可以有以下两种方式：

（1）由承包人根据协会发布的综合税负率参考区间，结合具体工程测算，将应纳税金计入价格清单项目汇入合同总价。

（2）由承包商将应纳税金单列计算。

选择将应纳税金包含在价格清单中或单独列项，均应在合同中进行约定。

第（1）种方式不仅可以减少工程结算的难度、减少合同纠纷，还有利于未来与"全费用综合单价"无缝衔接。因此，建议优选第（1）种方式。

本课题对工程总承包项目税金的计算思路及方法为第（1）种方式提供了理论和技术的支撑。

参考文献

[1] Haviland. The Architects' Hand Book of Professional Practice[R]. The American Institute of Architects，2005.

[2] Greenfield Seymour S. Turnkey Construction in the United States[J]. Journal of the ConstructionDivision，1982，108（2）.

[3] FIDIC. Conditions of Contract for EPC Turnkey Projects ［S］. FIDIC，2017.

[4] 住房和城乡建设部，国家工商行政管理总局. 建设项目工程总承包合同示范文本（试行）（GF-2011-0216）［R］. 2011.

[5] 国家发展改革委会等. 关于印发简明标准施工招标文件和标准设计施工总承包招标文件的通知（发改法规〔2011〕3018 号）［S］. 中华人民共和国标准设计施工总承包招标文件（2012 年版），2012.

[6] 王卓甫，丁继勇. 工程总承包管理理论与实务 ［M］. 北京：中国水利水电出版社，2014.

[7] 华夏小康. 加强工程总承包项目管理专业技术人员培育，推动我国建设行业发展新历程 ［EB/OL］.（2021-03-13）［2023-01-11］. http://www.rmjtxw. com/news/hyxw/147427. html.

[8] Roberto Pietroforte，John B. Miller. Procurement methods for US infrastructure：historical perspective-sand recent trends[J]. Building Research & Information，2010，30.

[9] G. M. Winch. Institutional reform in British construction：partnering and private finance[J]. Building Research & Information，2000，28（2）.

[10] K. Reeves. Construction business systems in Japan：general contractors and subcontractors[J]. Building Research & Information，2010，30.

[11] 韩如波，孟庆阳. 从传统施工模式到工程总承包——新中国 70 年工程实施组织模式的优化创新之路 [J]. 建筑，2019（18）：20—23.

[12] 周立斌. 建筑行业工程总承包管理模式推广研究 [J]. 建设监理，2021（11）：36—40.

[13] 张颖. 2022 年勘察设计企业工程项目管理和工程总承包营业额排名出炉 [J]. 中国勘察设计，2022（10）：5.

[14] 夏勤，徐宏伟，杨晓春. 浅谈中美两国建设工程造价管理 [J]. 林业建设，2018（2）：91—94.

[15] 董士波. 内地与香港工程造价管理之比较 [J]. 建筑经济，2006（4）：74—77.

[16] 王蕾，李海凌，冯利. 工程总承包模式下房屋建筑工程的总承包费用构成分析 [J]. 四川建筑，2019（1）：203—205.

[17] 李海凌，李晓，徐艳. 面向房屋建筑工程总承包的多层级工程量清单招标 [J]. 招标与投标，2018（5）：40—43.

[18] 蔡瑛. "营改增"对建筑业税负的影响研究 [J]. 建筑经济，2021（S1）：55—57.

[19] RICS. RICS Valuation – Global Standards 2017：UK national supplement[M]. London：RICS，2018.

[20] HM Revenue & Customs. VAT guide（VAT Notice 700）[EB/OL].（2014-12-17）[2022-08-27]. https：//www. gov. uk/guidance/vat-guide-notice-700.

[21] 秦玉文. "营改增"时代建筑业增值税税负问题探究 [J]. 建筑，2019（4）：12—17.

[22] 丁莉. 铁路 EPC 总承包项目税收筹划分析 [J]. 中国市场，2022（2）：149—150.